# LE MARKETING DE SOI

Les Éditions Transcontinental
24e étage
1100, boul. René-Lévesque Ouest
Montréal (Québec) H3B 4X9
Tél. : (514) 392-9000 ou, sans frais, 1 800 361-5479

**Données de catalogage avant publication (Canada)**
Legare, Sylvie
*Le marketing de soi*
Collection *Affaires PLUS*
Comprend des réf. bibliogr.
ISBN 2-89472-136-6

1. Habiletés sociales. 2. Communication interpersonnelle. 3. Relations humaines. 4. Savoir-vivre. 5. Connaissance de soi. 6. Art de parler en public. I. Tremblay, Judith. II. Titre. III. Collection.

HM691.L43 2000 302'.14 C00-940754-5

Révision et correction : Lyne M. Roy, Louise Dufour
Mise en pages : Studio Andrée Robillard
Conception graphique de la page couverture : orangetango



Imprimé au Canada

Dépôt légal — 2e trimestre 2000
Bibliothèque nationale du Québec
Bibliothèque nationale du Canada

ISBN 2-89472-136-6

Nous reconnaissons, pour nos activités d'édition, l'aide financière du gouvernement du Canada, par l'entremise du Programme d'aide au développement de l'industrie de l'édition (PADIÉ), ainsi que celle du gouvernement du Québec (SODEC), par l'entremise du Programme d'aide aux entreprises du livre et de l'édition spécialisée.

Sylvie Legare

en collaboration avec Judith Tremblay

# LE MARKETING DE SOI

## Note de l'éditeur

Indépendamment du genre grammatical, les appellations qui s'appliquent à des personnes visent autant les femmes que les hommes. L'emploi du masculin a donc pour seul but de faciliter la lecture de ce livre.

À mes parents, qui m'ont inculqué très tôt dans la vie le goût du vrai et de l'authenticité. La mort a fermé les yeux de ma meilleure amie, ma mère, à la naissance de mon troisième enfant. Ce décès m'a fait voir mes possibilités et le potentiel de l'être humain.

***Sylvie Legare***

À celle qui fut un modèle de courage pour moi et pour plusieurs autres, Marie-Paule Julien. Elle aurait su critiquer avec enthousiasme la moindre ligne de ce livre.

***Judith Tremblay***

# Commentaires des participants aux ateliers de marketing de soi

*Très intéressant pour l'amélioration de sa propre image vis-à-vis du public. Très, très, très positif.*

Mario Bouchard

*Excellent, passionnant, dynamique, appuyé par des faits réels. Cet atelier m'a permis d'améliorer certains traits de ma personnalité pour bien réussir dans la vie.*

André Roy, programmeur-analyste

*Tout était passionnant. J'ai appris à mieux vendre ma personnalité aux autres.*

Claude Gauthier

*J'en ai retiré des forces qui me serviront à acquérir une plus grande confiance en moi.*

Ginette Bouffard,
responsable de la programmation
et de la promotion radiophonique

*Ce que j'ai retenu : authenticité, authenticité, authenticité. Merci du fond du cœur.*

Joël Fillion

*Il est très important de se connaître soi-même d'abord, puis les autres, afin d'adopter la meilleure communication.*

André Marceau

*J'ai adoré prendre le temps de m'arrêter sur une foule de petits détails qu'on laisse souvent de côté et prendre conscience qu'ils existent toujours.*

Gilles Cyr

*Sur une échelle de 1 à 10 : 10 !*

Gilles Bellemare

*J'ai retenu qu'il fallait être proactif. Je trouve cela très important pour avoir le contrôle de ma vie et éviter le découragement et les échecs.*

Suzanne Blouin

*Ces ateliers m'ont appris à croire en mes moyens.*

Jacques Gagné

*Cela nous apprend à exploiter le meilleur de soi.*

Martin Rousseau

*Ça donne des ailes !*

Mandiang Almany

*C'est le moyen d'en connaître davantage sur l'image, la façon de se présenter, le dialogue, la façon d'aborder une discussion, etc.*

Johanne Villeneuve

*Ça m'a réchauffé le cœur. Merci beaucoup.*

Liette Labrecque

*Cela suscite la réflexion et le questionnement.*

Jacques Desruisseaux,
ancien délégué du Québec en Colombie

Ces commentaires des participants aux différents ateliers de marketing de soi nous ont incitées à écrire un livre sur la question. En effet, les gens étaient si enthousiastes et si captivés par les notions transmises au cours des ateliers qu'il devenait motivant de transmettre notre savoir au plus grand nombre possible de personnes.

# Remerciements

Louise Godbout, du Centre de création et d'expansion d'entreprises du Québec (CCEE), a cru la première à l'importance du marketing de soi et a accepté qu'un atelier sur le sujet soit donné à tous ceux qui suivaient dans ce centre une formation pour se lancer en affaires. Nous la remercions ainsi que Pierre-André Verreault, qui lui a succédé à la direction du CCEE. L'apport de ce dernier au marketing de soi a été considérable ; grâce à lui, le nombre d'heures de formation a doublé, au grand bénéfice des futurs entrepreneurs.

Les femmes et les hommes qui ont participé aux ateliers et qui ont partagé leur enthousiasme ont été une source d'inspiration et d'énergie que nous avons appréciée au plus haut point ; qu'ils en soient chaleureusement remerciés.

Nos remerciements s'adressent aussi à un collaborateur attentionné, Donald G. Wayland, Ph. D, professeur titulaire retraité du département de management de la Faculté des sciences de l'administration de l'Université Laval, qui a bien voulu nous éclairer sur quelques notions d'éthique. Pierre-Marie Beaulieu et André Lacombe ont, pour leur part, gentiment accepté de nous livrer leurs commentaires à la suite de la lecture du manuscrit. Ce n'est pas toujours chose facile, en ce monde axé sur la vitesse, d'offrir son temps aux autres ; nous apprécions d'autant plus la collaboration de ces personnes.

# Avant-propos

*Il y avait un jardin qu'on appelait la Terre...*

*Georges Moustaki*

Certains jardins, beaux et florissants, croissent et produisent ; d'autres sont desséchés et abandonnés. Il en va de même pour l'être humain. En lui grandit un jardin de possibilités et se trouvent des graines de potentiel plus ou moins soupçonnées ou exploitées.

Certaines graines germent pratiquement toutes seules, rapidement et solidement. Elles demandent peu d'attention et donnent une récolte abondante. Ce sont nos points forts.

Par contre, d'autres graines exigent beaucoup de soins et de minutie, de même qu'un peu d'engrais. D'abord délicate, leur pousse peut prendre de la vigueur. Nous reconnaissons là nos points à améliorer.

Nous pouvons nous réjouir des graines qui croissent sans effort, mais il devient parfois nécessaire de soigner avec amour les petites pousses vulnérables pour qu'un jour leur fragilité devienne puissance et leur petitesse, grandeur...

Sylvie Legare

Judith Tremblay

# Table des matières

**Chapitre 7**

# Introduction

À l'heure où l'environnement économique et social est de plus en plus exigeant, le marketing de soi ou marketing personnel apparaît au premier plan des éléments clés menant au succès. L'amélioration constante du caractère, de la personnalité et des compétences personnelles est plus que jamais essentielle.

Le marketing de soi s'inscrit dans la démarche d'amélioration continue de nos capacités et de nos connaissances. Le marketing de soi, c'est d'abord et avant tout la mise en valeur de toute la personne, dans tout ce qu'elle a d'unique et de complexe. Il est important que tout être humain développe des valeurs humaines, éthiques et spirituelles. Il ne s'agit pas ici d'être la perfection même, mais de prendre conscience qu'on peut raffiner sa personnalité, changer ses attitudes pour qu'elles soient de plus en plus positives, parfaire ses connaissances, bref, actualiser son potentiel hautement créateur.

Domaine vaste, le marketing de soi concerne la personne dans toutes ses dimensions : individuelle, professionnelle, sentimentale, familiale, amicale, etc. Il se veut un moyen de connaissance de soi et d'interaction avec les autres.

Ce livre veut faire ressortir le caractère d'unicité de chaque personne afin qu'elle découvre sa différence par rapport aux autres. Il veut amener le lecteur à se dépasser ainsi qu'à parfaire sa personnalité et ses comportements. Cet ouvrage devient donc un outil de référence original dans un domaine tout à fait innovateur : le marketing de soi[1].

Nous vous convions à faire le tour d'horizon de votre personne. Après tout, quoi de mieux qu'un voyage à la rencontre de soi-même... et des autres ?

1 L'association des mots « marketing » et « soi » (ou « personnel ») vient d'une idée de Sylvie Legare qui siégeait au comité consultatif du Centre de création et d'expansion d'entreprises du Québec. Les finissants en entrepreneurship avaient de beaux plans d'affaires, une formation pertinente en administration et des produits ou services intéressants à offrir. Il leur manquait cependant des notions essentielles pour mettre en valeur leur propre personne. Le même besoin s'était fait sentir chez des administrateurs municipaux, puis chez certains professionnels et chez les travailleurs en général. Ils avaient tous des renseignements intéressants à transmettre, mais ne savaient pas toujours comment le faire ou n'avaient pas suffisamment confiance en eux pour le faire. Mme Legare a donc fondé *Les Ateliers de marketing personnel* dans le but d'aider les gens à trouver la bonne clé pour entrer en contact avec eux-mêmes et avec les autres.

CHAPITRE 1

# La connaissance de soi

*On prétend que l'essentiel, dans la vie, c'est de se connaître soi-même.*

R. Rendell, *Le Journal d'Asta*

*L'une de mes théories favorites [...] est que tout le monde devrait passer un mois par an dans le désert. [...] Si l'on n'a rien — absolument rien — à faire, on a, enfin, une chance convenable de faire connaissance de soi-même.*

M. Westmacott, *Ainsi vont les filles*

*Il faut que chacun aille au bout de sa propre nature, coûte que coûte; courir le risque d'être soi, avoir le courage et la force de jouer cette partie unique, et même de la perdre.*

P. Schoendoerffer, *Là-haut*

1. Qui suis-je ?

2. Mon attitude à l'égard des autres ou par rapport à la vie est-elle plutôt souriante et optimiste ou morose et déprimée ?

3. Suis-je plutôt réservée ou audacieuse ?

4. Est-ce que j'écoute les autres facilement ou si je préfère être la leader du groupe ?

5. Les gens m'apprécient-ils surtout pour ma spontanéité ou plutôt pour mes capacités d'analyse ?

6. Ai-je de la facilité à diriger un groupe, à motiver une équipe de travail, à enthousiasmer des partenaires pour l'aboutissement d'un projet commun ?

7. Suis-je plutôt attirée vers les questions d'ordre personnel ou d'ordre professionnel ?

Les notions usuelles de marketing mettent en relief le *produit*, son *prix*, sa *place* dans le marché ainsi que la *promotion* dont il bénéficiera, c'est-à-dire les quatre *p*. Vous êtes-vous déjà demandé ce que vous « valez » comme individu (votre « prix » !) et quel genre de « produit » vous êtes ? Quelle « place » occupez-vous parmi les gens ? Vous mettez-vous en valeur ? Développez-vous tout le potentiel de votre personnalité (« promotion ») ?

Le dictionnaire définit l'intelligence comme étant la faculté de connaître et de comprendre ; on peut donc dire que bien se connaître et comprendre les autres est une marque d'intelligence.

Comme l'illustre le point d'interrogation dans la vignette de la page précédente, le soi est central en marketing personnel. Le produit tout comme l'outil promotionnel, c'est soi-même.

Le philosophe allemand Friedrich Nietzsche écrivait : « Nous sommes deux vaisseaux dont chacun a son but et sa route particulière. » En tant qu'êtres humains, nous sommes à la fois infiniment semblables à nos pairs et infiniment différents d'eux. Nous sommes uniques, originaux et différents. Nous sommes les seuls experts de notre vie. Nos expériences n'appartiennent qu'à nous.

Quand on recherche une amélioration de sa personnalité, la connaissance de soi est essentielle, primordiale, incontournable. Qu'y a-t-il à améliorer ? Quelles sont les faiblesses qui déçoivent constamment l'entourage ou les lacunes qui empêchent de se dépasser ? Et, aussi, quelles sont les indéniables forces, les qualités intrinsèques, les habiletés naturelles et celles que l'on a développées et cultivées au cours des années ?

Nous avons tous des défauts. Ils font partie de nous, ils sont même une partie de nous. Les accepter, c'est s'accepter soi-même. Et s'aimer, c'est aussi s'aimer avec ses défauts. De là à dire que l'on aime ses défauts, il n'y a qu'un pas.

Certaines personnes perçoivent comme des qualités les défauts d'autrui. Par exemple, Louis parle sur un ton bas et formule ses phrases lentement. Quant à Martine, son débit est rapide et elle gesticule. Certains interlocuteurs seront agacés par Martine, mais attirés par Louis, qu'ils vont trouver calme et serein. D'autres, par contre, vont percevoir de l'apathie chez Louis, mais un grand dynamisme chez Martine. On peut être irrité ou calmé par Louis comme on peut être irrité ou stimulé par Martine ! Il ne faut donc pas se laisser écraser par ses soi-disant défauts, puisque, après tout, ils peuvent être des qualités !

## Mes forces ou qualités

Selon vous, quelles sont vos trois principales forces ou qualités (exemples : dynamique, attentif aux autres, gai, poli, habile...) ? Demandez à un proche de corroborer votre perception.

Décrivez un événement au cours duquel est ressortie l'une de ces qualités.

---

Vous souvenez-vous de la fierté qui vous habitait pendant cet événement ? Nous pouvons tous être fiers de nos qualités et, lorsque le poids de nos faiblesses ou de nos limites nous semble trop lourd à porter, nous avons avantage à nous remémorer les situations qui ont pu les mettre en valeur. Notre mémoire nous rattache à notre passé et peut nous aider à apprendre et à évoluer. Mais attention : la mémoire a aussi la dangereuse capacité, en rappelant sans cesse les événements qui nous ont semblé négatifs, de nous inciter à répéter les mêmes mécanismes de défense. Pourquoi ne pas utiliser l'imagination, plutôt ? Celle-ci nous prépare à notre avenir. Grâce à l'imagination, nous pouvons anticiper et visualiser une situation désirée, puis préparer nos émotions et nos comportements avant un événement.

Comment se définir en tant qu'être humain unique ? Il y a tellement d'éléments à considérer ! Sur le plan physique, pensons à la taille, au poids, à la physionomie, à l'allure générale, aux mimiques ou aux tics, au port ou non de lunettes, aux types et aux couleurs des vêtements, etc. De même, sur le plan psychologique, plus abstrait et plus intangible que le plan physique, plusieurs caractéristiques distinguent les individus les uns des autres : la santé mentale, le comportement en général ou dans des situations particulières, les valeurs, le cheminement spirituel, les attitudes positives et négatives, les réactions émotionnelles, le choix des activités, l'adaptabilité et l'humeur, la vie sentimentale, amicale, familiale, la somme des expériences, la formation, etc.

Que d'éléments à considérer quand nous voulons connaître notre différence par rapport aux autres ! Au surplus, nous portons en nous de grandes ambiguïtés, voire des contradictions flagrantes. Ainsi, dans la définition de notre personnalité, nous pouvons nous considérer comme quelqu'un de particulièrement généreux et, pourtant, nous souvenir d'au moins un ou deux événements au cours desquels nous avons fait preuve d'un égoïsme attristant... Toute la richesse et la complexité d'un être humain réside là : dans la capacité de changement, d'évolution, de contradiction, voire de mystère.

## 1.1 L'UNICITÉ DE LA PERSONNE

L'organisation unique des talents, des forces, des tendances, des qualités, des attitudes et même des peurs définit l'unicité d'une personne. Toutefois, bien que l'être humain soit unique, il partage avec les autres beaucoup de dénominateurs communs. Nombre d'auteurs ont tenté de classifier ces dénominateurs et d'en faire des catégories immuables.

Ainsi, dès l'Antiquité, Hippocrate édifie une typologie humaine axée sur l'altération des humeurs de l'organisme. Selon ce médecin grec, l'humain est sanguin, colérique, mélancolique ou flegmatique[2]. Cette théorie demeurera la référence première pendant plusieurs siècles.

À la fin du XVII^e^ siècle apparaît la phrénologie, qui catégorise les gens d'après la forme de la tête.

Au XX^e^ siècle, Carl Gustav Jung propose sa propre typologie des caractères. Il définit l'individu selon qu'il fait principalement appel à

2 Les termes diffèrent légèrement selon les écrits.

la sensation, à l'intuition, à la pensée ou au sentiment. Ces quatre tendances sont classées sous deux catégories : les fonctions de perception et les fonctions de gestion.

Quant à Hans Jürgen Eysenck, psychologue britannique né en 1916 à Berlin, il s'intéresse à la pathologie de la personnalité et aux névroses en combinant la théorie des humeurs d'Hippocrate et la caractérologie de Jung.

Ernst Kretschmer, psychiatre allemand, se penche sur la propension qu'ont certains types morphologiques à développer des problèmes psychiques précis. En collaboration avec Erik Erikson et W. H. Seldon, il élabore un système complet de caractérologie en créant des combinaisons fort intéressantes.

Enfin, le modèle de Myers-Briggs présente 16 types psychologiques établis à partir des préférences relatives aux valeurs et aux champs d'intérêt des gens. Cet indicateur démontre le rôle que joue chacun des types dans le choix de sa carrière, dans ses relations interpersonnelles et dans sa vie au travail.

On trouve également de nombreuses autres façons de classifier les types de personnalité. Outre les applications pratiques des recherches scientifiques telles que les tests de psychologie, les questionnaires d'orientation professionnelle ou les tests de personnalité (intellectuel, bureaucrate, créatif, scientifique, manuel ou leader), on connaît de nombreuses théories empiriques : l'astrologie chinoise, occidentale, arabe ou amérindienne (basée sur les totems et les sous-groupes minéral, végétal, animal), la numérologie, les tests de graphologie, etc. Une approche classifie même l'individu en l'identifiant à un type d'oiseaux (l'aigle fonceur, le paon « motivateur », la colombe discrète, le hibou conservateur). Selon certains auteurs, nous sommes printemps, été, automne, hiver ; ou bleu, rouge, vert, jaune ; ou, encore, mobile, sédentaire, penseur, réalisateur !

Denis Ouimet, conférencier et écrivain, décrit le Guerrier (action), le Juge (réflexion), l'Artiste (émotion) et l'Explorateur (imagination). Chantal Rialland évoque, dans son livre *Cette famille qui vit en nous*, la gentille, la rebelle, la comique et l'indépendante. Le docteur Raymond Lafontaine propose la théorie des auditifs et des visuels, tandis que, selon Patricia Pitcher[3], les individus se classent en trois catégories : l'artiste, l'artisan et le technocrate.

Se distinguant de ces typologies, qui ont tendance à privilégier les réalités mentales, l'ennéagramme, prétendument inspiré des soufis tibétains, remet le cœur à sa juste place. Cette théorie veut que chaque personne cherche, entre autres, à éviter quelque chose à tout prix, par exemple la faiblesse, ses propres besoins, l'erreur, la peur, l'échec, la colère, etc. Lorsque l'on peut reconnaître et dépasser cette propension à l'évitement, on évolue et on devient plus heureux. L'auteur René de Lassus considère cet outil ancien comme la plus juste des méthodes de connaissance de soi, de communication et de développement personnel et spirituel.

Bref, que ce soit l'ennéagramme ou toute autre catégorisation, il y en a pour tous les goûts ! Bien que nous reconnaissions la très grande diversité de l'être humain, que nous restions persuadées que cette pluralité fait l'immense richesse de la vie et que nous nous refusions, la plupart du temps, à catégoriser les gens, nous vous donnons ici quelques balises qui vous aideront à mieux vous *cerner* et à mieux vous *comprendre*, pour enfin mieux vous *accepter* et vous *aimer*.

3 Docteure en management, directrice des études de doctorat à l'École des hautes études commerciales, elle a écrit *Artistes, artisans et technocrates dans nos organisations*, best-seller publié chez Québec/Amérique en 1994.

## 1.2 LE MODÈLE DE LARRY WILSON

Parmi les théories avancées, nous préférons le modèle de l'Américain Larry Wilson, modèle qui prêche par sa simplicité et son côté applicable. Selon Wilson, lorsque l'on veut cerner la personnalité de quelqu'un, on a tendance à deviner ce qu'il est, à se baser surtout sur des impressions, avec le risque d'erreur qui s'ensuit. Cet auteur préconise de se fier plutôt à des facteurs d'observation objectifs et bien précis, à l'exemple des chercheurs scientifiques, ce qui tendrait à amenuiser la marge d'erreur. D'après Wilson, les deux facteurs à observer sont l'*affirmation* et l'*émotivité*.

### 1. L'affirmation

Une personne très spontanée parlera rapidement, alors qu'une autre plus « réfléchie » s'exprimera plus lentement.

Pour trouver le profil dominant[4] d'un interlocuteur, il s'agit d'abord d'être attentif à son débit.

Débit rapide (affirmation de soi forte) : C'est un **actif** ou un **communicatif**.

Débit lent (affirmation de soi faible) : C'est un **compréhensif** ou un **réflexif**[5].

### 2. L'émotivité

Un individu qui laisse passer facilement son émotivité en parlant accorde la priorité à la personne, tandis que celui qui maîtrise l'émotivité privilégie la tâche. Le premier révèle rapidement ses émotions dans une discussion, utilise naturellement le « je » et crée de prime abord un contact personnel avec son interlocuteur avant de traiter de

---

4 Le profil dominant peut être influencé par un autre profil sous-dominant. Mentionnons qu'aucun profil n'est meilleur qu'un autre.

5 Nous nous permettons une légère entorse à la théorie de Wilson en préférant les termes actif, communicatif, compréhensif et réflexif à ceux qu'il a lui-même choisis (fonceur, expressif, aimable, analytique).

l'objet de la rencontre. Quant au second, il montre peu d'émotion dans ses propos, aborde en priorité le sujet de la rencontre, se préoccupe de la rentabilité de l'échange et établit une relation avec l'autre par l'intermédiaire de la tâche.

Pour trouver le profil dominant d'un interlocuteur, il s'agit, après avoir observé son mode d'affirmation, d'être attentif à son mode de fonctionnement spontané qui le conduit à choisir soit la personne, soit la tâche.

Celui qui choisit la personne (émotivité forte) : C'est un **communicatif** ou un **compréhensif.**

Celui qui choisit la tâche (émotivité faible) : C'est un **actif** ou un **réflexif.**

La figure suivante présente les quatre styles.

**LES QUATRE STYLES DE PERSONNALITÉ**

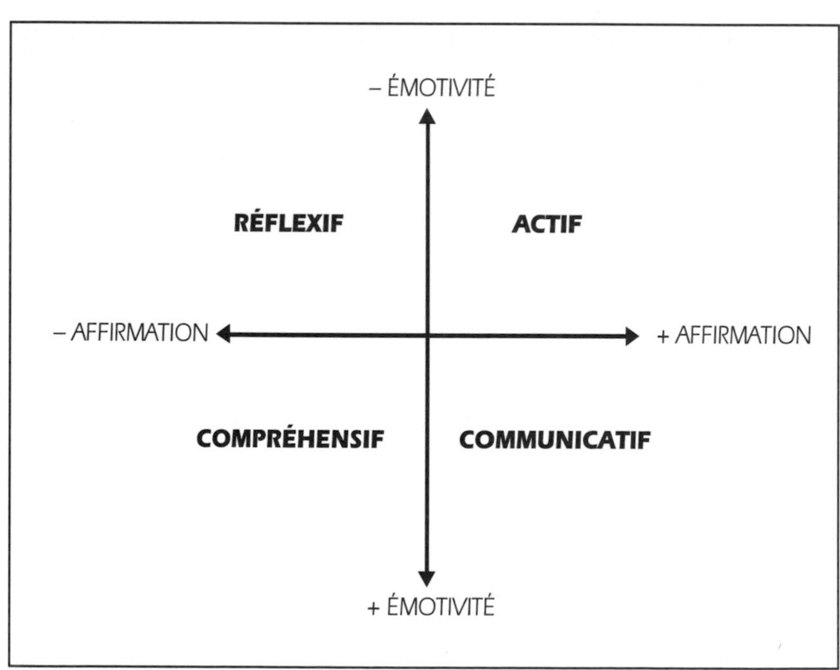

Vous pouvez facilement situer une personne sur la ligne de l'émotivité et de l'affirmation, simplement en l'observant. Il suffit de vous poser ces deux questions :

*a)* Sur le plan de l'affirmation

La personne s'affirme-t-elle verbalement ou par gestes d'une façon vive et énergique (à l'extrême droite sur la ligne horizontale) ou, au contraire, est-elle plutôt réservée et semble-t-elle calme et tempérée (à l'extrême gauche sur la ligne horizontale) ?

*b)* Sur le plan de l'émotivité

La personne laisse-t-elle facilement passer son émotivité dans son langage (le plus bas sur l'échelle verticale selon le schéma de la figure précédente) ou la réprime-t-elle, choisissant plutôt l'objet de la rencontre ou les tâches à accomplir (le plus haut sur l'échelle verticale) ?

## QUELLE EST LEUR PRÉDOMINANCE ?

### L'exemple de Judith

a) Lorsqu'elle s'exprime, elle le fait de manière directe et vigoureuse.

b) Judith montre très peu ses émotions.

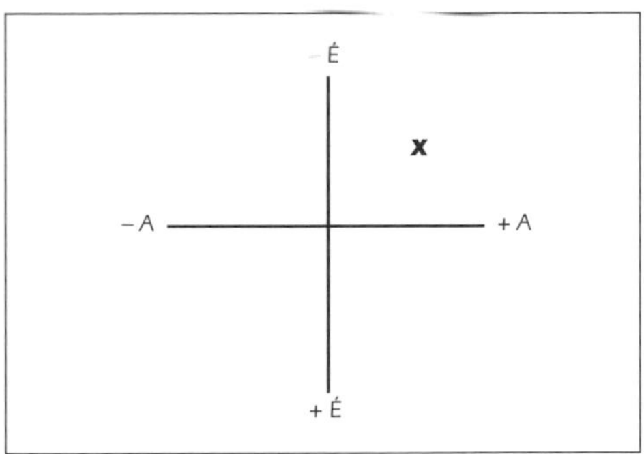


Par la position du X, on voit que Judith a une prédominance **active**.

**L'exemple d'Yves**

a) Son élocution est lente et son ton, très doux.

b) Yves peut facilement livrer ses sentiments.

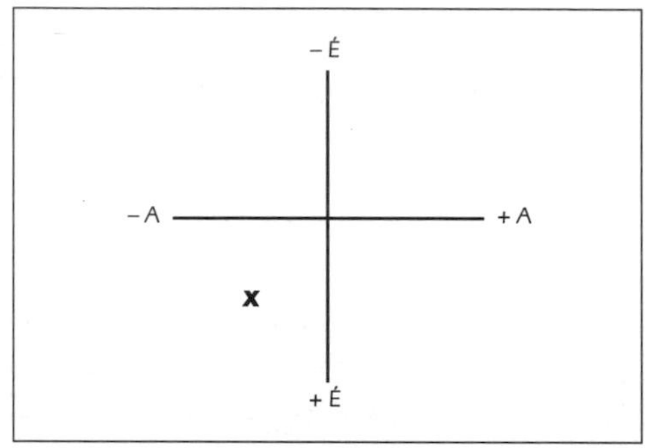


Par la position du X, l'on sait qu'Yves montre une prédominance **compréhensive**.

**L'exemple de Sylvie**

a) Son expression est très vive et très affirmée.

b) Il est très facile de percevoir les émotions de Sylvie.

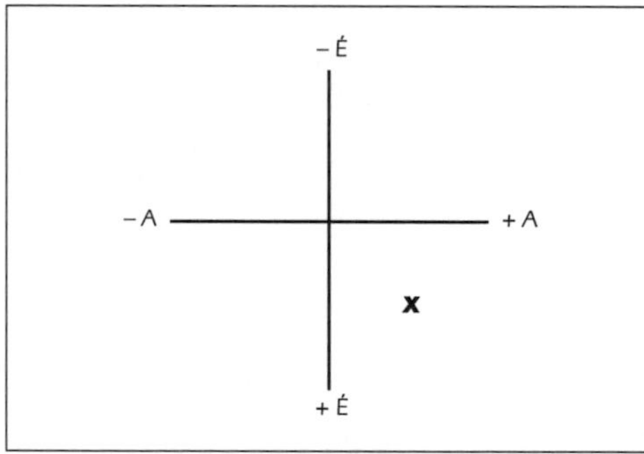


Sylvie a une prédominance **communicative**.

**L'exemple de Jacques**

a) Sur le plan de l'affirmation, il prend moins souvent la parole que d'autres.

b) Jacques est un homme qui garde ses émotions pour lui.

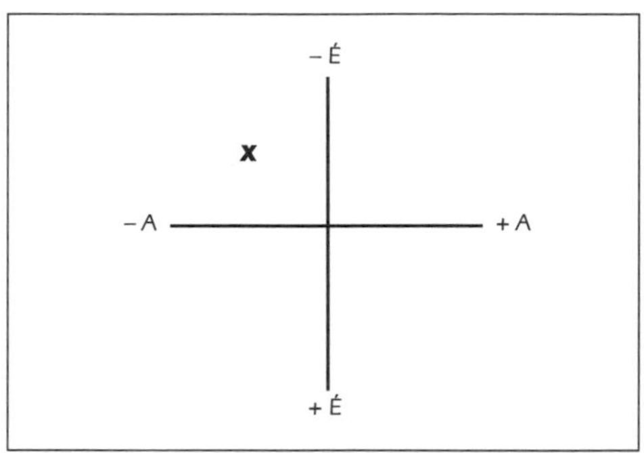


Jacques a une prédominance **réflexive**.

Certains individus se trouvent au centre du schéma et d'autres se situent aux extrémités. Toutefois, il n'y a pas de bonne ou de mauvaise place. Tous les styles (compréhensif, actif, communicatif, réflexif) étant composés d'aspects positifs et négatifs, aucun n'est idéal. Retenons simplement que chacun a un rôle significatif à jouer dans la vie.

### 1.2.1 Le réflexif

***Les caractéristiques observables du réflexif***

- Son débit est plutôt lent.
- Il accorde la priorité à la tâche plutôt qu'à la personne.
- Il a tendance à l'évitement ; par exemple, il dit non facilement.
- Il affiche un air plutôt critique et pose un regard souvent sceptique sur les événements.

Le réflexif analyse toutes les facettes d'une situation avant de prendre une décision !

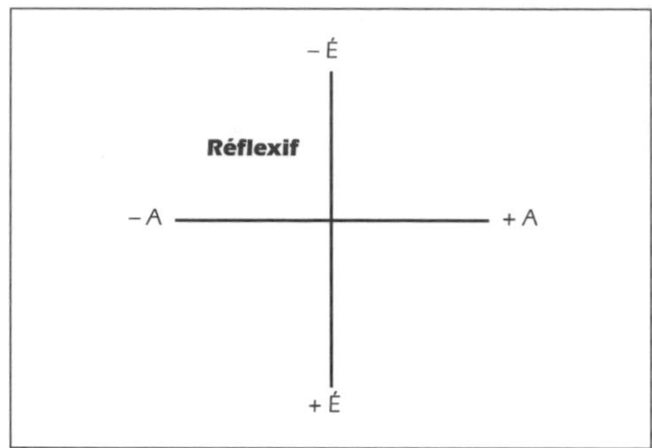


### *Les points forts du réflexif*

- Il a évidemment une très bonne capacité de réflexion.
- Son approche est orientée sur l'étude des faits ; il rassemble des données.
- Son fonctionnement est prudent et ses actions, non précipitées.
- Personne calme, le réflexif possède souvent des solutions pour régler les situations professionnelles difficiles.
- Il montre de l'objectivité et de la précision dans ses interventions.
- Il exige des réponses logiques et claires.
- Il a des aptitudes pour régler des problèmes.
- Il n'impose pas ses idées sans certitude.
- Il aime aider les autres à prendre des décisions.

### *Attention !*

- La prise de décision personnelle est souvent très difficile pour le réflexif.
- En général, le réflexif n'aime pas être poussé à agir rapidement.
- Son comportement n'est pas très affirmatif ; il maîtrise ses émotions.
- Il réunit l'information nécessaire et n'écoute plus par la suite.

### 1.2.2 L'actif

***Les caractéristiques observables de l'actif***

- Son débit est rapide.
- Il accorde la priorité à la tâche plutôt qu'à la personne.
- Il a tendance à s'imposer une discipline.
- Il affiche un air pressé et ses gestes sont plutôt saccadés ; il semble déterminé.

L'actif sait où il va !

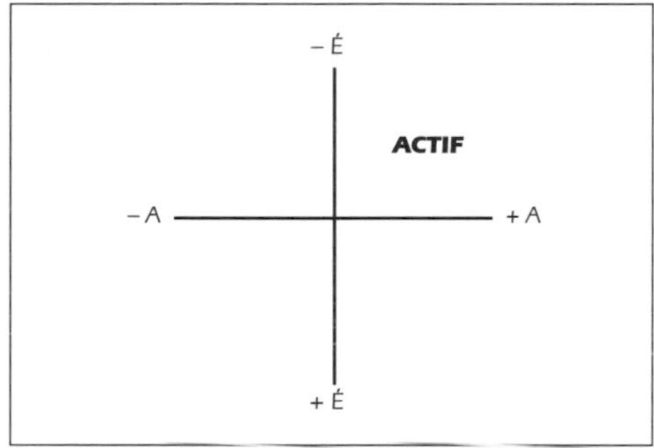


***Les points forts de l'actif***

- Il montre une très bonne capacité d'action.
- Son rythme est rapide ; efficace, l'actif oriente ses actions vers des objectifs précis.
- Il prend des responsabilités pour aller de l'avant.
- Habile, il aborde les situations difficiles sans se laisser contrarier par la critique ou le rejet.
- Il est capable de déterminer les faits, puis de passer à l'action.
- Il montre une aptitude à présenter un point de vue d'une façon rassurante mais énergique.

***Attention !***

- La capacité d'écoute de l'actif est plutôt limitée.
- L'actif montre une tendance à l'impatience.
- Il évite de demander de l'information supplémentaire pour clarifier un sujet.
- Il ne cherche pas à comprendre les attitudes et les émotions des autres.
- Il dit ce qu'il a à dire sans se préoccuper de la façon de le dire.

### 1.2.3 Le compréhensif

***Les caractéristiques observables du compréhensif***

- Son débit est lent.
- Il accorde la priorité à la personne plutôt qu'à la tâche.
- Il a tendance à l'acquiescement ; par exemple, il dit facilement oui.
- Il affiche un air doux et il a le sourire facile.

Le compréhensif a le cœur sur la main !

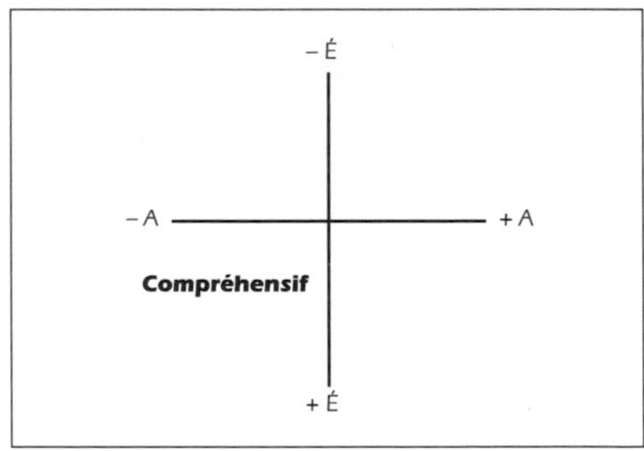


***Les points forts du compréhensif***

- Il a une très bonne capacité d'écoute.

- Il s'exprime avec douceur.
- Il favorise des relations chaleureuses.
- Il est sensible aux sentiments des autres.
- Il s'efforce d'établir de bonnes relations et s'assure de l'existence d'un climat positif avant d'entreprendre une tâche.
- Il favorise un rythme de travail pondéré.
- Il se préoccupe de répondre aux besoins des autres et leur accorde une attention personnelle.
- Il réagit bien au leadership des autres.
- Il se sent à l'aise avec des personnes qui s'expriment clairement.

***Attention !***

- Le compréhensif met parfois du temps avant de passer à l'action.
- Il manque quelquefois d'affirmation et d'assurance.
- Il évite les conflits autant que possible.
- Il craint de prendre des risques.
- Il partage son émotivité avec son entourage.

### 1.2.4 Le communicatif

***Les caractéristiques observables du communicatif***

- Son débit est assez rapide.
- Il accorde la priorité à la personne plutôt qu'à la tâche.
- Il a tendance à s'extérioriser.
- Il affiche un air enthousiaste ; ses gestes sont amples.

Le communicatif est à l'aise s'il est en communion et en interrelation avec les autres !

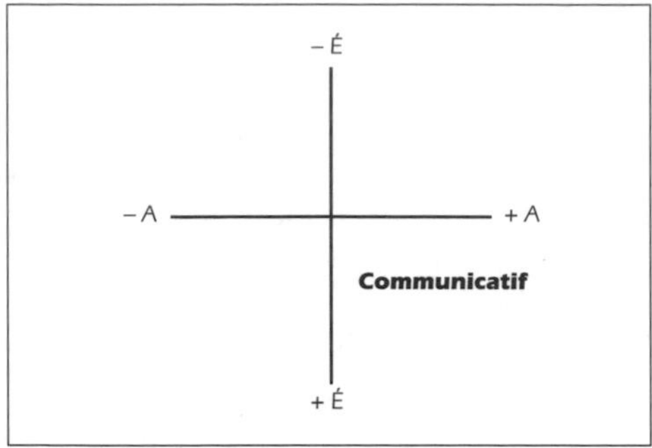


### *Les points forts du communicatif*

- Il montre une très bonne capacité à prendre des décisions.
- Il fait preuve d'humour et d'enthousiasme.
- Il s'engage rapidement.
- Il se contente de peu d'indications précises.
- Il est aussi persuasif que stimulant.
- Il est capable de faire des choix sans encadrement.
- Il considère ce qui plaît aux autres.
- Il comprend intuitivement certaines situations.

### *Attention !*

- Le communicatif se prête difficilement à la réflexion.
- Il peut changer fréquemment d'idée.
- Il néglige parfois de vérifier sa compréhension d'un sujet avant d'agir.
- Impulsif, il peut s'offenser aisément.
- Il éprouve un besoin constant de se prêter à des activités stimulantes.

Selon le profil de chaque individu, celui-ci aborde les autres de manière différente. Par exemple, l'actif maîtrise ses émotions et est plutôt pressé. Il s'attend à ce que les autres aient le même type de comportement. S'il se retrouve en compagnie d'un doux compréhensif qui ne s'affirme pas, il se sent mal à l'aise. Pour se sentir à l'aise avec les autres et augmenter les chances de succès de nos relations interpersonnelles, nous avons donc avantage à connaître le profil des gens que nous côtoyons et à nous adapter à leurs caractéristiques.

CHAPITRE 2

# La communication

*Si ce que vous recherchez n'est pas seulement l'expression de vous-même, mais aussi la communication — que les autres comprennent ce que vous dites — alors la bonne parole ne suffit pas ; elle doit être partagée ou à tout le moins comprise.*

D. Tannen, *Talking from 9 to 5*
(traduction libre)

*Il faut pour exprimer avoir d'abord éprouvé.*

G. Cyr, *La mise en scène de soi*

1. Pourquoi suis-je
à l'aise avec un tel
alors qu'avec un autre
le contact ne passe pas ?
2. Comment peut-il réagir
de la sorte alors que
je croyais lui faire plaisir ?
3. Hé ! Y a-t-il quelqu'un
dans cette tête ?
Je te parle !
4. Cet endroit me gêne,
que se passe-t-il ?
Je veux fuir !
5. Quand faut-il
savoir écouter ?
6. Avant, on prenait
notre pause ensemble ;
peut-être ma plaisanterie
lui a-t-elle déplu ?

Pour qu'il y ait communication, il faut un émetteur et un récepteur. L'émetteur a une certaine idée de ce qu'il veut transmettre, dans un but particulier, au récepteur. Son intention le conduit à produire un message, lequel provoquera une réaction chez le récepteur.

Un message comporte deux parties : son contenu et le sentiment qui l'habite. Le contenu, c'est la signification des mots dans le message. Le sentiment, c'est la façon dont le message est transmis, soit de façon verbale, par le ton et la voix, soit de façon non verbale, par l'expression faciale et la gestuelle.

Pour arriver à un échange réussi, l'émetteur a avantage à clarifier son intention en exprimant le plus fidèlement possible ce qu'il pense, veut ou ressent. Il ne doit pas prêter à son interlocuteur la faculté de deviner. Il doit parler de façon claire et précise pour que le récepteur n'ait pas à interpréter ses propos. Quant à ce dernier, il essaie de saisir le plus fidèlement possible l'intention de l'émetteur, soit le contenu et le sentiment. Bref, une communication réussie survient lorsque l'intention égale l'effet désiré.

Par exemple, si Bernard veut adresser un compliment à Geneviève (c'est son intention), mais que celle-ci se sent insultée ou blessée (l'effet), il est certain que la communication n'a pas réussi.

## 2.1 LES CLÉS POUR UNE COMMUNICATION RÉUSSIE

### 2.1.1 L'écoute active

La plupart du temps, on parle ou on se prépare à répondre à une question. Ou, encore, on écoute la moitié de ce que l'on nous dit et on devine la fin du message. Cette attitude provient en partie des premières années passées à l'école : on nous a appris à écrire et à développer nos talents d'orateur (vous vous souvenez de ces séances où on devait « parler devant la classe » ?), mais rarement nous a-t-on appris à écouter de manière active. Pourtant, l'efficacité d'un échange dépend davantage de la façon dont les parties écoutent que de ce qu'elles disent.

Le non-verbal, l'écho, le renforcement et la reformulation sont des manifestations de l'écoute active.

### *Le non-verbal*

On écoute avec tout son corps :

- les mains se nouent ou se dénouent selon l'intérêt que l'on porte à la discussion ;
- les bras sont croisés ou ouverts ;
- une personne est souriante et, pourtant, son regard est triste ;
- la tête approuve ou désapprouve par un hochement, etc.

### *L'écho*

Répéter après l'autre est une façon d'exprimer que l'on a bien compris le message qu'il a voulu nous transmettre.

### *Le renforcement*

Lorsque l'on ajoute quelque chose aux dires de l'interlocuteur, on le renforce dans son opinion et le rassure quant à ses choix. Les formules de renforcement sont nombreuses : « C'est bien », « C'est bon », « Je comprends », « Vous avez bien fait », « C'est exact », « Nous pouvons ajouter ceci », « Parfaitement, et de plus, il y a cela », etc.

### *La reformulation*

Reformuler, c'est en quelque sorte devenir le miroir de l'autre. Nous reprenons le discours de l'interlocuteur dans nos propres mots pour lui permettre de préciser sa pensée. Être le reflet de quelqu'un, c'est adopter un ton neutre, sans juger les sentiments émis ni contrôler la conversation. La reformulation aide l'autre à s'ouvrir. Une communication réussie, c'est comme un oignon ! Couche par couche, celles-ci étant parfois extrêmement minces et délicates, de confiance en confidence, on finit par arriver au bulbe, détenteur de la vérité !

Nous avons intérêt à reformuler quand nous voulons connaître les vrais motifs qui sous-tendent l'intervention de quelqu'un. Ainsi, un vendeur de voitures qui se fait interpeller par un « Bon, montre-moi donc tes familiales... » peut perdre ce client potentiel si, effectivement, il s'empresse de lui montrer ce type de véhicule. Le vendeur devrait plutôt chercher à saisir l'autre message que dissimule ce ton d'exaspération et tenter de découvrir, « couche par couche », les vrais besoins du client, en reformulant à sa suite. Peut-être le vendeur aura-t-il la surprise de constater que le vieux rêve du client est de s'acheter une superbe voiture sport, mais que sa conjointe lui a précisé qu'une familiale s'impose pour une famille de quatre enfants. Si le vendeur reformule en disant sur un ton neutre : « Vous voulez voir nos modèles très spacieux ? », cela donnera l'occasion au client de confirmer son choix d'une familiale, certes, mais il pourra le faire en exprimant plus clairement ses propres désirs. Par exemple, il dira : « Avec quatre enfants, ai-je le choix ? »

### 2.1.2 Les attitudes

La communication verbale est une source importante d'émotions agréables ou désagréables. La réaction des gens par rapport à ce que nous exprimons verbalement dépend beaucoup de notre façon de dire les choses. Selon la théorie de la programmation neurolinguistique[6], les mots composent seulement 7 % d'un message, les gestes, 55 % et le ton, 38 %.

6 La programmation neurolinguistique (PNL) suppose que, devant des événements traumatisants, nous avons les mêmes réactions à l'âge adulte que celles que nous avions dans la petite enfance.

### 2.1.3 L'affirmation

Communiquer de façon affirmative consiste, d'une part, à se donner le droit d'exprimer ses pensées, ses sentiments et ses opinions au moment approprié, de façon calme ou énergique, mais toujours de manière authentique et, d'autre part, à respecter chez l'autre ce même droit. Faire preuve d'ouverture envers notre interlocuteur en tenant compte de ce qu'il vit entraîne celui-ci à agir de même envers nous.

Enfin, il ne faut jamais tenir pour acquis que notre interlocuteur est sur la même longueur d'onde que nous. Il faut nous assurer que le message s'est bien rendu. Par exemple, nous demanderons à un actif et à un réflexif comment ils *perçoivent* ce que nous leur avons dit. En revanche, nous demanderons à un communicatif et à un compréhensif comment ils *se sentent* par rapport à ce qui a été dit.

## 2.2 LES BARRIÈRES À UNE COMMUNICATION RÉUSSIE

La plupart des barrières à une communication réussie énumérées dans les pages suivantes s'érigent malgré une honnête intention. Dans l'échange, chacun est de bonne volonté et loyal. Nous verrons, cependant, que des gens peuvent utiliser délibérément certains procédés pour influencer l'interlocuteur.

### 2.2.1 Les tactiques déloyales

Une tactique déloyale en communication implique que l'intention de départ est mauvaise. Par exemple, dans le but d'attirer la pitié et d'augmenter sa clientèle, un entrepreneur peut utiliser le mensonge suivant: « Ma femme est malade, j'ai trois enfants à nourrir, ma maison vient de passer au feu... »

### 2.2.2 L'éducation

L'éducation que nous recevons durant l'enfance joue un grand rôle dans les problèmes de communication que nous éprouvons en tant qu'adultes. Par exemple, dans une conversation courante, le mot « respect » pourrait véhiculer des significations complètement différentes pour deux interlocuteurs. Pour l'un, le respect voudra dire obéissance, non-argumentation, approbation des idées reçues des parents, etc. Pour l'autre, ce terme sera l'expression de la reconnaissance du potentiel d'un individu. Ainsi, dans une simple argumentation, les différents sens que peut prendre un seul mot peuvent court-circuiter le message réel que l'on veut transmettre. Imaginez tous les mots porteurs de multiples significations !

### 2.2.3 Le vocabulaire

À qui s'adresse-t-on ? À des enfants ? À des personnes âgées ? À des professionnels ? Lesquels ? Un mauvais choix de termes, une ignorance des acceptions d'un mot ou l'abus d'une terminologie spécialisée (vocabulaire de la médecine, de la biologie, de l'informatique, de l'ingénierie, etc.) peuvent créer des difficultés de communication et faire jaillir chez le récepteur un sentiment de frustration ou d'infériorité.

### 2.2.4 L'élocution, l'articulation, l'assibilation

Combien de messages laissés sur le répondeur sont proprement inaudibles ! Combien de phrases sont parfaitement incompréhensibles (« Fernin » au lieu de « Fernand ») !

**Une anecdote de Sylvie**

Je me rappelle qu'au Collège des annonceurs de radio et de télévision, on me faisait porter un crayon dans la bouche tout en me faisant réciter des phrases complexes[7]. Nous avons 47 muscles dans le visage, me disait-on, pourquoi ne pas utiliser à bon escient ceux qui nous permettent de bien articuler et de nous faire mieux comprendre de nos vis-à-vis ?

7 Pour avoir un aperçu du type de phrases dont il est question, reportez-vous à l'exercice d'articulation au chapitre 4.

### 2.2.5 Le contexte socioculturel

Parfois, la surprise provoquée par la rencontre de deux cultures peut se révéler une expérience enrichissante pour qui veut faire preuve d'ouverture d'esprit. Par contre, elle peut aussi comporter d'étranges ambiguïtés ou entraîner un dialogue de sourds, même entre personnes de bonne foi !

### 2.2.6 Les messages complexes

Bien que les messages complexes puissent être émis en toute bonne foi, ils sont souvent utilisés par des gens dont l'intention n'est pas honnête. Par exemple, certains avocats allèguent qu'ils ont appris, au cours de leurs études, à utiliser les messages complexes dans le but de déstabiliser le témoin : « N'est-il pas vrai que vous n'étiez pas... » En entendant cette phrase, on ne sait plus si l'on y était ou non...

Il faut éviter les phrases négatives, car elles rendent le message complexe et peu efficace. Ces phrases peuvent facilement être remplacées par des énoncés positifs, comme le prouvent les exemples suivants :

- « Tu n'aurais pas 1 $ à me prêter ? »

  « Aurais-tu 1 $ à me prêter ? »
- « Vous n'auriez pas ça, vous, le livre... ? »

  « Auriez-vous le livre... ? »
- « Ne mets pas les pieds dans l'eau ! »

  « Contourne la flaque d'eau ! »
- « Ne pensez pas à un éléphant. » (À quoi pensez-vous ? À un éléphant, bien sûr !)

  « Faites le vide en vous. »

D'autres messages sèment le doute en raison de la non-cohérence entre l'image et la réalité. Imaginez un restaurant placardé d'affiches « Ici, service courtois », mais dont certains membres du personnel sont tout à fait antipathiques. Ou imaginez qu'un magasin « Tout pour 1 $ » fasse imprimer des cartes professionnelles haut de gamme.

Les messages interminables et compliqués manquent de clarté et de précision. Au surplus, l'émetteur peut être taxé de « personne qui s'écoute parler ». Entre deux mots, on choisit le moindre ! Il est préférable de se faire comprendre de l'interlocuteur plutôt que de l'impressionner.

**Les mots doux...**

Dans *Le Bourgeois gentilhomme* de Molière, une scène très attachante décrit Monsieur Jourdain qui, amoureux d'une belle, décide de lui transmettre ses sentiments par l'entremise d'un billet doux. Ne sachant comment s'y prendre, il demande conseil au maître de philosophie :

Monsieur Jourdain. — [...] Je voudrais donc lui mettre dans un billet : Belle Marquise, vos beaux yeux me font mourir d'amour ; mais je voudrais que cela fût mis d'une manière galante, que ce fût tourné gentiment.

[...]

Maître de philosophie. — D'amour mourir me font, belle Marquise, vos beaux yeux. Ou bien : Vos yeux beaux d'amour me font, belle Marquise, mourir. Ou bien : Mourir vos beaux yeux, belle Marquise, d'amour me font. Ou bien : Me font vos yeux beaux mourir, belle Marquise, d'amour.

Monsieur Jourdain. — Mais, de toutes ces façons-là, laquelle est la meilleure ?

Maître de philosophie. — Celle que vous avez dite : Belle Marquise, vos beaux yeux me font mourir d'amour[8].

8 J. Thoraval, *Molière, Le Bourgeois gentilhomme.*

### 2.2.7 L'environnement

Un bruit intermittent qui porte sur les nerfs, des tubes fluorescents trop éblouissants, un local exigu, une pièce surchauffée créent un environnement non propice à la communication. De même, la cigarette peut devenir une véritable plaie dans une conversation entre un fumeur et un non-fumeur. Elle peut compromettre l'intérêt que l'on porte à l'échange ; le non-fumeur finit par se préoccuper davantage de la fumée que du propos. La mauvaise haleine se révèle un autre élément perturbateur. Si l'on travaille en équipe en après-midi, il vaut mieux éviter les fruits de mer et le beurre à l'ail à l'heure du lunch... Dans le bureau d'un professionnel, si un mur est tapissé de diplômes, vous chercherez en vain l'élément humain. Si, au contraire, ce sont des photos de famille qui constituent l'essentiel de la décoration, vous vous demanderez si vous faites des affaires avec un professionnel... Bref, un environnement non approprié peut nuire à une conversation, à une écoute attentive, à un discours cohérent.

### 2.2.8 Les émotions

Les choses vivantes naissent, se développent et meurent. Il en va de même pour toute émotion : elle naît, vit un temps, puis meurt.

Prenons l'exemple d'un homme dont la femme lui annonce son désir de divorcer. Pris au dépourvu, notre homme doit malgré tout se rendre à son bureau et continuer de négocier des contrats, de répondre à la clientèle, etc. Comme il accuse le coup durement (ce qui est normal), il reste sous l'emprise de ses émotions. Il peut donc commettre des erreurs professionnelles ou manquer d'objectivité dans ses conversations avec les clients. Parce qu'il n'est pas entièrement présent, il empêche la réussite de la communication. Il a un choix à faire : ou il quitte le bureau ou, s'il s'en sent capable, il laisse ses émotions de côté pour accomplir sa tâche. S'il opte pour cette dernière possibilité, l'homme continuera certes d'avoir de la peine, mais il sera capable de suivre le cours de sa vie professionnelle sans se laisser submerger par le chagrin et les émotions.

Il faut laisser passer l'émotion, la laisser suivre son chemin, quitte à la rappeler plus tard pour mieux la liquider. Mettre ses émotions de côté pendant un temps n'est pas un acte d'hypocrisie. Au contraire, ce faisant, on utilise une force intérieure qui permet d'être le maître, et non l'esclave, de ses émotions.

**Une anecdote de Sylvie**

Mon mari et moi, nous nous trouvions dans une auberge et surveillions nos enfants, en promenade sur le quai, de la grande fenêtre du salon. Soudain, la propriétaire de l'établissement surgit en pleurant, suivie de son mari. Nous comprîmes, aux mots de l'homme, que quelqu'un était mort. Quinze minutes plus tard, deux Américains arrivèrent. Les hôtes les accueillirent aussitôt avec le même sourire chaleureux qu'ils avaient prodigué aux clients, la veille. « Quel souci de la clientèle ! » me suis-je dit. En effet, les aubergistes ont mis leur peine de côté pour recevoir leurs invités et n'ont glissé que plus tard qu'ils devaient s'absenter pour assister à des funérailles.

### 2.2.9 L'écoute partielle

Vous avez certainement connu de ces gens qui semblent pressés en vous écoutant. Certains regardent leur montre ou les alentours ; d'autres semblent attentifs, vous sourient, approuvent de la tête, mais, finalement, vous vous rendez compte qu'ils n'ont pas écouté du tout ou n'ont saisi que des bribes de vos propos. On jurerait que ces personnes se laissent bercer par les sons que vous émettez ! Ces interlocuteurs qui font de l'écoute partielle peuvent simplement être fatigués ou ennuyés, mais ils ont peut-être aussi développé la mauvaise habitude de ne jamais prêter attention aux messages des autres.

Fréquemment, nous faisons de l'écoute partielle avec un enfant en bas âge qui raconte quelque chose pendant que nous vaquons à nos occupations ou que nous sommes préoccupés par un autre sujet.

**Le piège du téléphone**

Attention au piège numéro 1 de la communication par téléphone : l'écoute est passive, aucun contact véritable n'est établi. Par exemple, une télévendeuse qui se lance dans un long monologue, sans vérifier votre réceptivité au bout du fil, risque fort, après avoir défilé son discours, de se faire dire non. Il aurait certes été préférable qu'elle s'assure au préalable d'une rétroaction, même minime, de votre part. Elle n'aurait pas eu besoin de dépenser inutilement toute cette énergie. En s'identifiant d'abord, puis en créant, si possible, un lien quelconque (un domaine d'activité ou un champ d'intérêt commun, etc.), elle aurait pu vérifier si elle vous dérangeait et si vous étiez réceptif.

## 2.3 LES SUJETS À ÉVITER

On dit que « de la discussion jaillit la lumière ». Toutefois, si vous voulez maintenir des relations harmonieuses avec vos collègues, vos connaissances et vos amis, évitez d'aborder des sujets chargés d'émotions ou qui impliquent des convictions profondes, tels que les sujets suivants :

- La politique
- La religion
- Le contexte socioculturel
- Les races
- Le sexe et les plaisanteries sexistes
- L'orientation sexuelle
- L'aspect physique

Nous avons tous des opinions parfois très ancrées qui proviennent de notre tempérament, de nos expériences personnelles et de notre éducation. Certains disent : « N'est pas né celui qui me fera changer d'idée ! » Alors, le plus souvent, il vaut mieux contourner ces sujets difficiles qui peuvent tourner les gens en bourriques. Rappelons-nous avec philosophie que « des goûts et des couleurs, il ne faut pas discuter ».

Voici une règle d'or pour éviter les sujets de conversation tabous : *Ne pas parler de corde dans la maison d'un pendu !*

Par exemple, ne vaut-il pas mieux éviter de critiquer le fonctionnarisme dans une ville de fonctionnaires ?

**Une histoire vraie...**

Un ministère comptait attribuer un contrat de 35 000 $ à un travailleur indépendant. Convoquée, la presse devait annoncer publiquement qu'il était possible pour les travailleurs indépendants d'obtenir des mandats du gouvernement. Faute de temps, les parties n'avaient pas encore signé le contrat — simple formalité —, mais elles se proposaient de le faire immédiatement après la conférence de presse. Comme l'entrepreneur ne s'était pas préparé à prononcer un discours, il s'est surpris lui-même à raconter une plaisanterie de mauvais goût impliquant les fonctionnaires. Le résultat ne s'est pas fait attendre : on lui a tout de suite retiré le contrat.

## 2.4 LES PERCEPTIONS NÉGATIVES À CORRIGER

Les perceptions négatives nous empêchent d'évoluer librement et de juger d'une situation par nous-mêmes, particulièrement dans un contexte différent et nouveau. Voici des exemples de phrases classiques chargées de perceptions négatives.

- « Tout doit toujours marcher comme sur des roulettes. »

  Faux ! Illusion !

- « Tout peut arriver aujourd'hui comme demain. »

  Cette phrase fataliste engendre souvent l'angoisse et la peur.

- « Le bonheur, c'est de n'avoir ni responsabilités ni difficultés. »

  À ce propos, voici ce qu'a constaté l'auteur René de Lassus.

| | | | |
|---|---|---|---|
| Les gens | très heureux | sont | très rares. |
| Les gens | heureux | sont | assez nombreux. |
| Les gens | moyennement heureux | sont | très nombreux. |
| Les gens | pas vraiment heureux | sont | nombreux. |
| Les gens | très malheureux | sont | toujours trop nombreux. |

- « Je suis à jamais conditionné par mon passé. »

  Faux, l'avenir n'est pas le passé. Beaucoup ont malheureusement ces mots à la bouche : « Je suis comme mon oncle » ; « Mes parents me l'ont toujours dit : je suis un bon à rien » ; « C'est parce que je suis du signe de la Balance que j'agis comme ça » ; « Je n'y peux rien, le passé me l'a prouvé », etc.

**Une anecdote de Sylvie**

Un Marocain m'a tenu les propos suivants au cours d'un séjour que j'ai passé dans son pays : « Mes grands-parents vendaient des oranges, je vends des oranges et mes enfants vendront des oranges, c'est écrit. »

- « L'argent ne fait pas le bonheur. »

  Si l'on peut être plus gentil, plus généreux, plus productif, pourquoi ne peut-on pas être plus riche ? Trop de gens ont saboté leur succès financier parce qu'ils se sentaient mal à l'aise d'entendre les commentaires teintés d'envie de leurs amis : « Ouais, on va être obligés de t'appeler Madame. » Dans ces cas, la personne qui est sur la voie du succès se sent isolée, mise à part. Cela peut inciter certains individus à négliger des rendez-vous importants et, même, à faire faillite, cela dans le but inconscient de conserver ses amis et d'être aimés ou approuvés par les siens.

- « Bonne renommée vaut mieux que ceinture dorée. »

  Rien n'empêche d'obtenir les deux : une bonne renommée *et* une ceinture dorée. La fortune acquise honnêtement n'annihile en rien une réputation enviable.

- « L'argent est sale. »

  L'argent peut aussi être « propre ». Après tout, avec 0,25 $, on peut transmettre une bonne nouvelle par téléphone, mais avec 25 000 $, on peut en transmettre 100 000 !

## 2.5 LE CHOIX DE LA PERSONNE GRAMMATICALE

S'exprimer en utilisant la deuxième personne, le « tu », peut parfois véhiculer une charge accusatrice ou provocatrice, et susciter chez l'interlocuteur une réaction défensive. « Tu m'empoisonnes avec ta fumée de cigarette ! » constitue une attaque verbale. À l'inverse, l'utilisation du « nous », du « je » ou de la tournure impersonnelle « ça me » permet d'exprimer ce que nous ressentons et favorise le respect de l'autre à notre égard. « Ça m'indispose de respirer la fumée de cigarette » est davantage l'expression d'un sentiment qu'une accusation.

**À RETENIR**

*Les « tu », ça tue*

*Les « nous », ça noue*

Une façon constructive d'exprimer ses sentiments positifs ou négatifs peut se résumer par une formule très simple : quand l'autre fait telle action, dans telle situation, je ressens tel sentiment (ton affirmatif et neutre). Voici un exemple de formulation habile : « Quand tu prends des décisions qui me concernent sans me consulter, je ne me sens pas respecté. »

## 2.6 LES STRATÉGIES DE COMMUNICATION SELON LES TYPES DE PERSONNALITÉ

Les stratégies de communication ne s'établissent pas au petit bonheur, elles se planifient. Lorsque l'on communique avec une autre personne, il est essentiel d'adopter une attitude respectueuse et d'essayer de s'adapter à son fonctionnement (débit lent ou rapide/priorité accordée à la tâche ou à la personne) pour la rendre le plus à l'aise possible. Ce qui suit peut vous servir de lignes directrices.

### 2.6.1 Pour mieux communiquer avec le réflexif

- Présentez des demandes par écrit en soignant votre écriture ; utilisez des outils de communication : documents, références, livres, revues, correspondance, télécopieur, journaux, notes, cartes, etc. ;
- Fournissez des données précises et des faits dans un ordre logique ;
- Énumérez les avantages et les inconvénients d'une idée, d'une nouvelle approche ou d'un projet et apportez des preuves, des témoignages, des citations, des références ;

- Évitez de présenter seulement un aspect de la question, amenez le pour et le contre ; l'esprit du réflexif, qui le porte à la réflexion et à l'analyse, saura « séparer le bon grain de l'ivraie » ;
- Laissez-lui du temps de réflexion pour prendre une décision (le réflexif ne veut pas se tromper).

Les analystes, les informaticiens, les percepteurs d'impôt, les fiscalistes, les comptables sont plutôt rationnels et, de prime abord, ils privilégient la tâche plutôt que l'individu. Objectifs et précis dans leurs interventions, ils ne laissent pas l'émotion les envahir ou les distraire du travail à accomplir. Ce sont des personnes qui fournissent souvent des solutions logiques et claires pour régler des situations ennuyeuses.

**À RETENIR**

***Toujours s'adjoindre un réflexif quand on veut préciser une situation d'une manière lucide et objective.***

### 2.6.2 Pour mieux communiquer avec l'actif

- Démontrez en quoi vos idées peuvent l'aider à atteindre ses objectifs, qu'ils soient reliés aux résultats ou à l'efficacité ;
- Allez droit au but, à l'essentiel du sujet ; évitez les détails, les répétitions et les explications interminables : en général, son esprit vif comprend l'essentiel du premier coup ;
- Évitez de le « prendre par les sentiments » ; tenez-vous-en à une information factuelle et à une approche logique ;
- Proposez des options, suggérez une voie de rechange pour qu'il puisse faire un choix (il a un grand besoin de liberté).

Si l'on se retrouve avec un actif, pressé et orienté vers des objectifs précis, on a avantage à entrer dans le vif du sujet assez rapidement, sans s'éterniser sur les questions d'ordre personnel ou familial ni poser de questions sur ses loisirs, son état de santé ou son état d'âme. Si l'on joue dans ce registre, le risque est grand d'indisposer l'actif. Il est préférable d'aborder directement l'objet de la rencontre et de prouver à l'actif que l'on peut l'aider à atteindre ses objectifs.

**À RETENIR**

***Toujours s'adjoindre un actif quand on veut qu'une situation évolue rapidement et efficacement vers l'action.***

●●●●●●●●●●●●●●●●

### 2.6.3 Pour mieux communiquer avec le compréhensif

- Favorisez un climat de discussion chaleureux, une atmosphère sereine et calme qui prête aux confidences;
- Intéressez-vous à des aspects importants de sa vie, comme sa famille, sa profession, ses loisirs, etc.;
- Vérifiez la validité de son acquiescement, car le compréhensif peut donner son accord dans le seul but de se montrer gentil;
- Adoptez une approche de compréhension plutôt que de confrontation, car le compréhensif cherche à éviter les conflits et a besoin d'être rassuré sur ce point;
- Fournissez des détails, même futiles, et des explications claires;
- Apportez des garanties et des assurances, car le compréhensif voit à long terme.

Le type aimable cherche à établir une relation de confiance et d'amitié avant de brasser des affaires. Ce que l'actif considère comme des digressions superflues paraît au contraire fondamental au compréhensif. Ce type de personnalité peut employer tous les moyens pour éviter l'affrontement ou acheter la paix : l'évitement, la fuite, la « sourde oreille », l'acquiescement à tout ce qui se dit, même s'il n'est pas vraiment d'accord. Grand diplomate, le compréhensif ne veut surtout pas blesser autrui.

**À RETENIR**

***Toujours s'adjoindre un compréhensif quand une situation délicate demande souplesse et doigté.***

### 2.6.4 Pour mieux communiquer avec le communicatif

- Suggérez des activités, des idées ou des projets stimulants et apportez des exemples positifs (biographies, témoignages, cas vécus) ;
- Adoptez un comportement enthousiaste et joyeux ;
- Démontrez de quelle façon vos idées appuieront ses objectifs, ses rêves, ses intuitions ;
- Laissez le communicatif s'exprimer et ne freinez pas ses élans ;
- Cherchez à établir une bonne entente avec lui plutôt que de lui livrer une compétition ;
- Donnez-lui fréquemment une rétroaction ;
- Assurez-vous que vos propos fournissent des réponses aux questions fondamentales : Où ? Quand ? Comment ? Pourquoi ?

La volubilité, la bonne humeur et l'enthousiasme du communicatif sont débordants. Il est la personne idéale, par exemple, pour vous seconder dans l'entreprise que vous venez de démarrer si vous ne vous sentez pas à l'aise dans le rôle du représentant commercial. Expressif, motivé et sociable, le communicatif se fera un plaisir de rencontrer les clients pour vanter vos services ou vos produits. Ce nouveau collaborateur s'engagera rapidement sans avoir besoin de beaucoup d'indications ni de documentation volumineuse.

**À RETENIR**

***Toujours s'adjoindre un communicatif quand une situation exige que les gens en présence soient à l'aise.***

CHAPITRE 3

# La confiance en soi, le charisme et le leadership

*L'essence de votre perfection est dans votre habileté à vous examiner vous-même, à accepter ce que vous voyez comme étant parfait à l'instant présent, puis à être capable d'évoluer vers quelque chose de différent, mais qui est encore parfait.*

W. Dyer, *The Sky's the Limit*
(traduction libre)

*Gagnant-Gagnant veut dire ceci: si je t'aide à gagner, alors je gagne aussi! Les vrais gagnants dans la vie obtiennent ce qu'ils veulent en aidant les autres à obtenir ce qu'ils veulent.*

D. Waitley, *The Winner's Edge*
(traduction libre)

*Dans 85% des cas, la raison pour laquelle vous obtenez un poste, conservez votre emploi ou obtenez une promotion dépend de vos aptitudes avec les gens et de votre habileté à négocier avec les autres de façon efficace.*

Z. Zigler, *Top Performance* (traduction libre)

1. Est-ce que
je me sens toujours
libre de choisir ?

2. Où est passé
mon magnétisme d'enfant ?
Lorsque j'étais bébé,
j'attirais les foules !

3. Suis-je un bon modèle
de leader pour
mon entourage ?

4. Le patron veut me voir
immédiatement.
Qu'ai-je fait ?
Veut-il me congédier ?

## 3.1 LA CONFIANCE EN SOI

La confiance en soi est le fruit d'un état d'autonomie, soit l'indépendance, et d'un état de bien-être dans nos relations avec les autres, soit l'interdépendance.

Stephen Covey, dans son livre *Les sept habitudes des gens qui réussissent tout ce qu'ils entreprennent,* avance à peu de chose près le modèle suivant :

**Indépendance (soi)**

1. Être proactif
2. Avoir un but
3. Ordonner ses priorités

**Interdépendance (les autres)**

4. Penser gagnant-gagnant
5. Chercher à comprendre avant de chercher à être compris
6. Favoriser la synergie

**Autoévaluation**

7. S'autoévaluer

Analysons ce modèle.

### 3.1.1 L'indépendance (soi)

Être proactif, avoir un but et ordonner ses priorités favorisent l'accès à l'indépendance et, par le fait même, la confiance en soi.

#### *1. Être proactif*

Être proactif, c'est agir au lieu de subir. La proactivité demande davantage que d'être simplement réactif à son environnement ; il s'agit d'aller au-devant des choses, de foncer, de faire preuve de créativité, de prendre des initiatives, de risquer. Parfois, savoir patienter sera aussi être proactif.

Être proactif, c'est se sentir libre de choisir. Dans le livre *Découvrir un sens à sa vie*[9], Viktor Emil Frankl explique que, au cours de son « séjour » dans les camps de concentration, il a découvert la dernière des libertés humaines : celle qui consiste à choisir la réponse à un stimulus qui nous est donné.

Prisonnier, il se sentait plus libre que ceux qui le torturaient. Ces derniers subissaient les ordres en les exécutant ; lui développait son imagination ou vivait de ses souvenirs. Si Frankl, emprisonné et torturé, se sentait libre dans son esprit, alors nous le sommes aussi, nous qui jouissons de la liberté de mouvement et de parole. Toutefois, nous répétons sans cesse « Je n'ai pas le choix », « Il faut que... », « Je suis obligé de... ». Si nous disons « Je choisis de faire ceci ou cela », c'est que nous décidons. Notre perception change, et nous retrouvons notre liberté.

### *2. Avoir un but*

Comment pouvons-nous avoir confiance en nous si nous ne savons pas où nous allons ni pourquoi ? Il ne s'agit pas de disperser notre énergie, mais de tracer un plan de vie, sur le plan personnel et professionnel. Il faut privilégier une action *dirigée*, qui nous mène petit à petit vers les buts que nous nous sommes définis en relation avec nos valeurs.

Certains préfèrent se fixer de nombreux objectifs précis, plutôt faciles à atteindre et qui ont trait à plusieurs volets de leur vie. Selon eux, un seul grand but, même s'il était accessible, laisserait un grand vide une fois atteint. Ainsi, « économiser 20 $ par semaine pour préparer ma retraite », « me coucher à 22 h chaque soir pour habituer mon corps à une certaine régularité et me maintenir en bonne santé » et « suivre un cours d'informatique en septembre pour augmenter mes connaissances » sont des objectifs réalistes. Il est plus probable que nous réus-

9 V. E. Frankl, *Découvrir un sens à sa vie*, Montréal, Éditions de l'Homme, 1988.

sirons à maintenir notre volonté pour atteindre ce type d'objectif que si nous nous mettons en tête d'être le meilleur du monde en trampoline, à l'exemple du champion Dan Millman[10] !

### 3. *Ordonner ses priorités*

Si nous savons *où* nous allons et *pourquoi*, le *comment* s'organisera. Il est important de trier ce qui est le plus et le moins important. Ainsi, « suivre un cours d'informatique en septembre » est peut-être plus important et plus urgent pour vous que de vous « coucher à 22 h chaque soir ».

Mettre de l'ordre dans ses priorités en évaluant leur valeur, par rapport à son plan de vie, et le faire de façon tangible, par des listes notamment, est aussi une façon de mettre de l'ordre dans son esprit. Souvent, nous sommes submergés par les rendez-vous, les appels téléphoniques, le courrier, etc. ; toutes ces tâches nous semblent urgentes, mais doivent-elles vraiment être accomplies en priorité ? Commençons par nous occuper des crises, des problèmes pressants, des projets qui comportent une échéance, des rencontres indispensables. Par la suite, afin d'atteindre l'excellence personnelle et professionnelle, portons notre attention sur :

- la prévention pour diminuer le nombre de crises et de problèmes ;
- la précision des valeurs ;
- la planification et la préparation ;
- la responsabilisation et la délégation ;
- la récréation revivifiante ;
- l'établissement de relations enrichissantes.

10 Dan Millman a écrit, entre autres, *Le guerrier pacifique*, *Le voyage sacré* et *La voie du guerrier pacifique*.

Ensuite, nous pourrons nous occuper des appels téléphoniques, des lettres ou des réunions moins importantes, de certains rapports non préoccupants, etc. Une vie remplie de cette façon empêche de perdre notre temps devant le téléviseur ou de pratiquer des activités sans intérêt, lesquelles ne trouvent une place dans notre horaire que pour combler un vide intérieur.

**Un mot sur l'agenda**

Beaucoup considèrent l'agenda comme un instrument de torture bien encombrant.

L'agenda nous permet pourtant de maîtriser notre vie, en fonction de nos valeurs et de nos choix. Il répond instantanément aux questions de notre quotidien : Où ? Quand ? Comment ? Pourquoi ? Avec qui ?, etc. Mais surtout, si nous nous donnons la peine d'y inscrire chacune des étapes menant à la concrétisation d'un rêve, il constitue un outil indispensable. « Tout voyage commence par un premier pas », a dit un sage.

### 3.1.2 L'interdépendance (les autres)

Penser gagnant-gagnant, chercher à comprendre avant de chercher à être compris et développer la synergie apportent beaucoup de coopération, de créativité et d'innovation dans nos rapports avec les autres. Cette satisfaction mutuelle et cette interdépendance agréable permettent une plus grande confiance en soi de part et d'autre.

## *4. Penser gagnant-gagnant*

Penser gagnant-gagnant, c'est se mettre dans un état d'esprit et de cœur qui exclut la possibilité qu'il y ait un perdant. Le principe gagnant-gagnant met l'accent sur le bienfait mutuel dans les relations humaines, la considération, la reconnaissance des différences et la complémentarité sans la peur de l'altérité.

**Le perdant…**

Un homme d'affaires se pensant très fort en négociation obtenait toujours la part du lion ; par contre, ses clients ne revenaient jamais deux fois, sentant qu'ils avaient été lésés (gagnant/perdant). Un jour, le « grand négociateur » présente une soumission ridiculement basse pour décrocher un contrat d'envergure. Il l'obtient, mais il se sent contrarié pendant toute l'exécution du travail, d'autant plus que ce mandat lui fait frôler la faillite (perdant/gagnant).

### *5. Chercher à comprendre avant de chercher à être compris*

Malheureusement, on cherche souvent à être compris avant de chercher à comprendre. On demande la compréhension de l'autre : « Mets-toi à ma place ! », « Essaye de me comprendre… », « Moi, ce n'est pas pareil ; tu ne comprends pas », etc.

Une des clés du succès dans la vie consiste pourtant à écouter l'autre avec l'intention de le comprendre, sans chercher à donner la réplique. Ensuite, il s'agit de transmettre son point de vue de façon calme et affirmative, avec courage et détermination, tout en gardant une ouverture d'esprit.

### *6. Favoriser la synergie*

La synergie fait tripler la motivation, rien de moins ! Le dynamisme que crée la synergie propulse les parties en cause vers la réalisation d'une action commune.

**À la recherche de la synergie**

Un jour, un courtier en douane signe un contrat avec le vice-président d'une firme de biotechnologie. Alors qu'en son for intérieur il se rend compte qu'il s'est plié à des clauses du contrat qui favorisent grandement la firme, il fait mine de rien et retourne à sa voiture. Il n'est pas fier de lui... Il vient d'obtenir le plus important contrat de sa carrière, mais il a le sentiment très vif d'avoir été vaincu par un adversaire. Il sent qu'il travaillera à ce projet sans motivation. « Et si j'essayais de mettre en pratique ce concept de synergie ? » Fort de cette résolution, il retourne voir le dirigeant et lui fait part de son sentiment d'être lésé, car les clauses 4 et 5 freinent son enthousiasme. Le vice-président modifie immédiatement l'une des deux clauses, mais il signifie son impuissance par rapport à l'autre. Qu'à cela ne tienne ! Le changement apporté à la clause 4 crée une ouverture intéressante, si bien que la clause 5 n'est plus du tout contraignante. L'écoute et la recherche d'une situation gagnant-gagnant ont produit la synergie.

### 3.1.3 L'autoévaluation

L'autoévaluation est nécessaire pour savoir si l'on développe les bons processus d'indépendance et d'interdépendance. Par exemple, on peut se poser ces questions : « Suis-je proactif ? », « Est-ce que je pense gagnant-gagnant ? »

### *7. S'autoévaluer*

En se posant des questions *positives*, on obtient les réponses *positives* les mieux adaptées à sa situation.

**Une anecdote de Sylvie**

En 1978, je voulais mettre sur pied un centre du voyage où trouverait tout ce dont a besoin le grand voyageur: bagages, guides touristiques, gadgets, etc. Le directeur du centre commercial, enthousiasmé par l'idée, me précisa toutefois qu'il me fallait 50 000 $ pour démarrer mon entreprise. Moi qui avais tellement cru en ce projet, voilà que j'étais désespérée.

Je me suis posé des questions négatives comme celle-ci: « Pourquoi n'ai-je pas pensé à l'aspect financier, pourtant si important? » J'ai obtenu une réponse négative: « Parce que tu te laisses emballer par tes projets sans réfléchir à toutes les facettes. » Résultat: négativisme, découragement, abandon du projet, inertie, retour à la case départ.

Avant d'écarter complètement mon projet, j'ai décidé de me poser des questions positives:

Question positive: « Que puis-je faire vu que je n'ai pas beaucoup d'argent? »

Réponse positive: « Je dois éviter de payer la marchandise. »

Question positive: « Comment faire pour ne pas payer cette marchandise? »

Réponse positive: « Ouvrir une boutique où les fournisseurs laissent leur marchandise en consigne. »

Résultat positif: La première friperie où les gens laissent leurs vêtements en consigne voit le jour à Sillery!

## 3.2 COMMENT DÉVELOPPER SON CHARISME

Tout être humain jouit d'un certain charisme. Pour la majorité des gens, cette qualité est latente et n'atteint, par exemple, que l'équivalent d'une ampoule de 10 watts. En revanche, chez certaines personnes, le charisme grimpe jusqu'à 1 000 watts!

L'enthousiasme, les yeux, la voix et l'attitude mentale constituent les outils pour augmenter le charisme.

### 3.2.1 L'enthousiasme

L'enthousiasme est le carburant qui alimente le magnétisme humain. Alimentons continuellement le feu, car il cherche parfois à s'éteindre sous la force de la pression sociale ou du négativisme ambiant. Être fier de ce que l'on fait est la façon la plus facile d'avoir du charisme.

Selon Og Mandino[11], on devrait être heureux à partir du moment où l'on a :

- quelque chose à faire, comme la dame qui vide les corbeilles dans les chambres d'un hôpital et qui travaille avec enthousiasme, car elle se sait très utile ;
- quelqu'un à aimer, que ce soit Dieu, un être humain, un animal ou la nature (à noter que l'on parle du besoin d'aimer et non du besoin d'être aimé) ;
- de l'espoir, soit ce sentiment qui permet de persévérer avec confiance vers un mieux-être.

Nous vivons dans un monde si matérialiste et si axé sur la performance que nous oublions souvent l'essentiel. La première règle de conduite pour développer son charisme consiste à entretenir quotidiennement la flamme de l'enthousiasme en équilibrant travail, repos et plaisir.

Pouvez-vous spontanément énumérer 10 activités qui vous plaisent beaucoup ? À l'aide des exemples suivants, fabriquez votre propre liste.

11 Og Mandino, *Mission : Success, the anthology of achievement, Your Keys to a Better Life*, the choice 1989 Bantam Audio Publishing, Nightingale - Conant Corporation.

| Les choix de Sylvie | Fréquence d'exécution | |
|---|---|---|
| | **Actuelle** | **Souhaitée** |
| 1. Marcher en forêt | 1 fois par mois | 2 fois par mois |
| 2. Faire une lecture inspirante | 2 fois par mois | 1 fois par semaine |
| 3. Rire avec mes enfants | 2 fois par semaine | 1 fois par jour |
| 4. Me laisser tremper dans un bain moussant | 3 fois par semaine | 1 fois par jour |
| 5. Passer du temps avec une personne âgée | 3 fois par mois | 3 fois par mois |
| 6. Voyager | 1 fois l'an | 4 fois l'an |
| 7. Savourer une œuvre musicale | 1 fois par semaine | 2 fois par semaine |
| 8. Manger au restaurant | 2 fois par mois | 2 fois par mois |
| 9. Rencontrer mes amis | 2 fois par mois | 3 fois par mois |
| 10. Écouter un bon film | 2 fois par mois | 2 fois par mois |

## Vos réponses

| Activité | Fréquence d'exécution Actuelle | Fréquence d'exécution Souhaitée |
|---|---|---|
| 1. ______ | ______ | ______ |
| 2. ______ | ______ | ______ |
| 3. ______ | ______ | ______ |
| 4. ______ | ______ | ______ |
| 5. ______ | ______ | ______ |
| 6. ______ | ______ | ______ |
| 7. ______ | ______ | ______ |
| 8. ______ | ______ | ______ |
| 9. ______ | ______ | ______ |
| 10. ______ | ______ | ______ |

Si vous avez éprouvé de la difficulté à trouver 10 activités qui vous plaisent, tentez de décoder le message qui sous-tend cette situation.

Par ailleurs, les activités que vous avez énumérées sont-elles importantes à vos yeux et en harmonie avec vos valeurs ? Si ce n'est pas le cas, libre à vous de les remplacer. Observez aussi à quelle fréquence vous les exécutez. Pouvez-vous vous y prêter plus fréquemment, ce qui donnerait davantage de sens à votre vie ? Nietzsche a dit : « Celui qui a une raison de vivre peut endurer n'importe quelles épreuves, ou presque. »

Pour favoriser votre réflexion, posez-vous ces questions :

Puis-je augmenter les loisirs qui m'apportent de la joie intérieure ?

Est-ce que je goûte aux fruits de mon travail et est-ce que je partage ces fruits avec ceux que j'aime ?

Suis-je satisfait et fier de mes accomplissements et est-ce que j'en profite ? Suis-je en train de « perdre ma vie à essayer de la gagner » ?

Nous n'avons qu'une vie à vivre. Si nous ne faisons que rarement des choses que nous aimons, notre qualité de vie s'en trouve altérée. Pourtant, c'est lorsque nous sommes le plus heureux que nous dégageons de l'enthousiasme, donc du charisme.

### 3.2.2 Les yeux, la voix, l'attitude mentale

Les yeux sont les réflecteurs du charisme. Apprenons à sourire avec nos yeux. Ils ne savent pas mentir, même si nous tentons de masquer notre indifférence en accrochant un sourire à notre visage.

Il est essentiel de regarder notre interlocuteur de sorte qu'il puisse comprendre notre considération et notre profond désir de communiquer. Mais attention aux différentes coutumes ou mœurs ! Dans les pays musulmans, regarder les gens dans les yeux peut traduire, dans certaines situations, un manque de respect. En fait, il faut toujours penser à la personne qui nous fait face et ne pas l'incommoder. En mettant l'autre à l'aise, nous le serons davantage.

La voix, également, fait entrevoir notre influence. Une voix trop aiguë ou trop grave, ou un débit trop rapide ou trop lent, affaiblit le charisme.

À l'aide d'un magnétophone, faites périodiquement des enregistrements pour évaluer et améliorer votre voix.

En outre, effacez un message sur votre répondeur téléphonique si votre voix vous déplaît. Recommencez plutôt l'enregistrement de votre message jusqu'à ce vous soyez entièrement satisfait de votre intonation.

Enfin, il faut surveiller notre attitude mentale durant une conversation, car notre interlocuteur la percevra sous la forme d'une vibration positive ou négative. Par exemple, si nous sommes en train de porter un jugement négatif, notre vis-à-vis le ressentira, peut-être de manière inconsciente, mais il gardera sûrement de nous une image ou un souvenir influencé par ce sentiment.

La puissance de notre charisme est liée à la qualité de nos pensées. Essayons de trouver plaisir à communiquer ou à partager quelque chose avec nos interlocuteurs, autrement ils s'aperçoivent que nous les jugeons, ce qui provoque; comme par un effet boomerang, notre isolement par rapport à eux.

## 3.3 LES 10 RÈGLES À SUIVRE POUR DEVENIR UN LEADER EFFICACE

Un bon leader suscite avant tout l'admiration de son entourage. Il est admiré parce qu'il a une vision, qu'il encourage le dépassement de soi et que sa seule présence s'avère stimulante. Le leader est un modèle.

Un bon leader peut aussi accepter le leadership des autres dans certaines situations propices. Il sait s'adapter aux situations autant qu'influencer celles-ci. Le leader autoritaire dit *je* et *toi*. Le leader équilibré privilégie le *nous*. Le premier dit « Allez » ; le second, « Allons ».

Voici 10 règles à suivre pour devenir un bon leader.

***Règle nº 1 : Louez le travail bien fait***

Il faut avoir de la reconnaissance pour les autres. Certaines personnes sont très courageuses, défonceraient n'importe quelle porte, mais ne montrent aucune considération à l'égard de ceux qui les aident à atteindre leurs objectifs. Il est pourtant important de pouvoir reconnaître l'apport des partenaires et d'évaluer positivement leur travail pour les motiver à aller plus loin.

**Une anecdote de Sylvie**

Un de mes anciens collègues de travail n'avait aucun respect pour sa secrétaire. Il déclarait que celle-ci aurait encore « la couche aux fesses » s'il ne l'avait pas engagée à la fin de ses études. Quand il récoltait des succès, c'était grâce à lui, et, bien sûr, s'il subissait un échec, c'était la faute des autres !

***Règle nº 2 : Encouragez la créativité et l'initiative***

Il faut offrir aux gens la possibilité d'être plus créatifs. Lee Iacocca, ancien président de la société Chrysler, suggérait, dans ses 10 commandements du succès, de garder dans une entreprise les non-conformistes. On veut souvent avoir de petits moutons blancs bien dociles, mais le mouton noir apporte de la diversité. Lorsqu'il s'oppose, il peut avoir tort 9 fois sur 10, mais la dixième fois, il empêchera une catastrophe ou trouvera une idée de génie qui fera l'unanimité. Le non-conformiste stimule la créativité et l'initiative de ses collègues.

Les séances de remue-méninges, les conseils de famille et les réunions de bureau où chacun peut s'exprimer librement et prendre part aux décisions sont toutes des façons efficaces d'encourager la créativité et l'initiative.

***Règle nº 3 : Agissez avec justice et impartialité***

Il faut d'abord agir ainsi avec soi-même. On se fait souvent des promesses qu'on a de la difficulté à tenir, comme arrêter de fumer, faire du sport ou mieux manger. Comment peut-on demander que les autres fassent mieux ? Il importe d'établir des règles équitables pour tous, de valoriser l'effort plutôt que les résultats et de prêcher par l'exemple.

***Règle nº 4 : Diffusez l'information***

Diffuser l'information signifie agir avec transparence. Un leader respectueux fera circuler la même information à l'intention des membres d'un même groupe. Ensuite, il vérifiera si tous ont bien interprété cette information. Il saura reformuler le message en cas de doute.

***Règle nº 5 : Éveillez le respect***

S'il n'est pas admiré, le leader tentera à tout le moins d'être respecté.

Le respect des autres nous est garanti si ces deux conditions *sine qua non* sont satisfaites : d'abord, se respecter soi-même (celui qui se fait ver de terre peut-il se plaindre d'être écrasé ?) ; ensuite, montrer du respect envers les autres, les traiter avec égards, les assurer de notre considération. Il est surprenant de constater, en retour, l'estime avec laquelle les gens nous interpellent !

***Règle nº 6 : Recherchez les stimulants appropriés***

Un parent exténué n'est pas un bon leader pour ses enfants. De même pour un professeur harassé envers ses élèves ou un employeur hargneux vis-à-vis de ses employés. Il s'agit de trouver les stimulants appropriés nous permettant de nous reposer, de nous faire plaisir, de prendre soin de nous. En fait, il est essentiel de prendre soin de soi pour mieux prendre soin des autres. Des lectures inspirantes, des rencontres enrichissantes, des activités saines favorisent le ressourcement en profondeur. Après tout, pour bien influencer les autres, le leader doit lui-même profiter d'une bonne influence.

### *Règle nº 7 : Soyez sensible aux besoins des autres*

L'empathie, soit l'écoute des vrais besoins, est essentielle au bon leader. Il doit demeurer accessible, comprendre les autres sans prendre leurs problèmes sur ses épaules. Il ne doit pas essayer de chercher des solutions aux problèmes d'autrui ; de toute façon, il n'y a souvent que deux solutions : la nôtre et la bonne. Le leader qui écoute son interlocuteur avec intensité contribue à calmer sa détresse, à alléger son fardeau. Finalement, il faut faire confiance aux capacités des êtres et croire en leur potentiel d'évolution.

### *Règle nº 8 : Haussez votre compétence*

La formation continue s'adresse à tout le monde, même aux leaders. Quand ceux-ci partagent leurs nouvelles connaissances, ils en favorisent l'intégration. Le meilleur investissement que l'on puisse faire dans la vie est celui d'investir en soi pour mieux redonner aux autres.

### *Règle nº 9 : Inspirez l'enthousiasme*

Le patron autoritaire garde ses employés dans la crainte ; le leader proactif soulève leur enthousiasme. Par son attitude positive et sa bonne humeur constante, ce dernier cultive sa personnalité. La personnalité est aux humains ce que le parfum est aux fleurs. Le patron autoritaire fait du travail une corvée, tandis que le leader le voit comme un moyen de dépassement et, sous son impulsion, les problèmes deviennent des défis.

***Règle nº 10: Prouvez votre confiance***

En visant les résultats à atteindre et non les moyens d'y parvenir, on prouve à l'autre que l'on a confiance en lui et en ses propres moyens pour arriver au but. Si l'on s'entend sur l'objectif final, sur l'échéance et sur des règles à suivre, il est facile de déléguer des tâches avec confiance. Le leader accepte l'erreur, sait féliciter celui qui a fourni un effort, responsabilise son équipe et reste disponible pour consultation au besoin.

**Un employeur au leadership efficace**

Un employé veut remettre sa démission après avoir commis une erreur qui coûte plus de 50 000 $ à son patron. Ce dernier la refuse, car il considère qu'il a investi 50 000 $ dans la formation de cet homme. Il ne veut pas perdre cet employé, d'abord parce que le successeur de ce dernier risque de commettre la même erreur, puis parce que le fautif, conscient de la confiance qu'on lui porte, voudra dorénavant que l'entreprise bénéficie de l'expérience qu'il a acquise à la suite de son erreur.

CHAPITRE 4

# Prendre la parole en public

*Ce que l'on conçoit bien s'énonce clairement et les mots pour le dire arrivent aisément.*

Nicolas Boileau

1. Je n'aime pas jouer les vedettes. Pourquoi dois-je parler en public ?

2. Est-ce normal d'avoir le trac ? Comment le vaincre ?

3. Je ne sais pas quoi faire de mes mains ; dois-je les laisser dans mes poches ?

4. Et si j'avais un trou de mémoire, de quoi aurais-je l'air ? Que pourrais-je faire ?

La parole est sans doute la chose la plus naturelle et la plus spontanée que l'être humain puisse posséder. Utilisée au quotidien et en toutes circonstances, elle sert à transmettre la gamme de nos sentiments, comme le font aussi nos gestes, notre regard et nos mimiques.

Aujourd'hui, il est courant que l'on doive prendre la parole en public. En effet, les colloques, les conférences, les entrevues avec les journalistes des médias électroniques, les réunions d'affaires, les sondages, les groupes de pression nous y incitent souvent.

Donner son opinion ou apporter un commentaire n'est plus l'apanage d'un groupe restreint de personnes qui travaillent dans le domaine des communications. Vous aussi pouvez avoir l'occasion de « prendre le micro » pour une raison ou pour une autre.

Prendre la parole en public, ce n'est pas nécessairement effectuer une présentation devant un large auditoire ou répondre aux questions des journalistes. Certaines situations courantes, qui semblent à première vue banales, peuvent facilement faire perdre pied à quiconque, comme :

- s'adresser à un comité de citoyens dans sa communauté ;
- donner son point de vue durant une assemblée de parents ;
- remercier une collègue de travail devant les autres employés ;
- poser sa candidature à titre de conseiller dans le quartier ;
- défendre une cause qui tient à cœur ;
- avouer son sentiment d'indignation devant une injustice ;
- raconter une anecdote pendant une soirée.

Dans notre milieu de travail, qu'il s'agisse de bien vendre un service, de promouvoir un nouveau produit ou de défendre les intérêts d'un secteur d'activité, nous sommes souvent appelés à prendre la parole.

Cependant, devenir le porte-parole de notre entreprise sans y être bien préparé peut conduire à la catastrophe.

## 4.1 LE TRAC

Un sondage nous a permis de relever de nombreuses peurs chez les individus, comme la phobie des hauteurs ou des profondeurs. Par contre, celle qui prédomine sur toutes les autres, celle qui donne des sueurs froides à coup sûr, c'est la peur de parler en public.

Prendre la parole devant un groupe est l'une des situations les plus angoissantes que la plupart d'entre nous puisse vivre. Par exemple, aux funérailles d'un ami, vous auriez voulu lui rendre hommage, mais le trac vous a paralysé. Au moment du cinquantième anniversaire de mariage de vos parents, un petit discours aurait été le bienvenu, mais votre gorge s'est nouée et les mots vous ont manqué.

Phénomène comparable au mal de mer, le trac peut apparaître un instant et décroître lentement ou disparaître subitement; il peut aussi aller en augmentant.

Quel orateur, quel comédien, juste avant l'entrée en salle ou l'entrée en scène, n'a pas ressenti tous les symptômes de la peur? Même renommés, même célèbres, la plupart l'avoueront: au cours de leur carrière, ils ont dû surmonter les handicaps de la timidité ou d'un défaut d'élocution affligeant et composer avec des battements cardiaques accélérés, des bouffées d'angoisse irrépressibles, un estomac noué, etc.

Les psychologues expliquent que le trac est une conséquence de la crainte d'être humilié par des critiques ou de la peur de l'échec. Pour se protéger contre ces blessures psychologiques, l'être humain se prépare instinctivement à fuir ou à se battre.

Devant une menace, nos muscles se tendent au point que nous tremblons, que notre visage pâlit et que notre cœur bat fort. Simultanément, nos glandes déversent de l'adrénaline dans notre sang, nous rendant plus vigilants et énergiques. Notre bouche devient sèche, nous préservant ainsi de l'étouffement par excès de salive (vous avez sans doute remarqué que les orateurs se raclent souvent la gorge). Toutes ces manifestations sont typiques du trac.

Le trac se manifeste à différents degrés. Le déclenchement soudain du trac paralyse le mécanisme de la pensée, diminue le choix du vocabulaire, enlève toute faculté de création verbale. Cette sorte de trac ne se manifeste qu'un certain temps ; c'est le trac des débutants. Vaincu une fois ou deux, il ne reparaîtra plus.

Mais, un autre trac se révèle plus insidieux : il s'agit du trac de l'habitude, qui entraîne la peur du public. On désire, alors, voir le temps « suspendre son vol ». L'orateur qui subit cette forme de trac doit accepter cet état comme un défi permanent à surmonter, qui est préalable à celui du discours lui-même. Ce type de trac n'épargne pas même les plus talentueux orateurs. À preuve : une jeune actrice disait à une autre actrice d'un certain âge qu'elle ne ressentait aucun trac. « Ça viendra avec le temps », lui répondit cette dernière...

Même si votre nervosité est manifeste, votre auditoire ne vous en tiendra pas rigueur. « Les auditeurs veulent voir en vous un gagnant », affirme Arnold Zenker dans son ouvrage intitulé *Mastering the Public Spotlight,* publié en 1983. Quant à nous, nous dirions que les auditeurs veulent voir *un être authentique*. Pensez à la dernière présentation à laquelle vous avez assisté. Vouliez-vous voir trébucher l'orateur ? Bien sûr que non.

Beaucoup affirment que de toutes choses, y compris du trac, on peut tirer du positif.

D'abord, avoir le trac, c'est reconnaître sa responsabilité devant un groupe dont on cherche à retenir l'attention. Ce que l'on dit doit valoir la peine que le groupe y consacre du temps. L'orateur talentueux a conscience de cette responsabilité. Le trac au moment de la préparation d'un discours peut signifier que vous essayez d'offrir à l'auditoire un exposé d'une certaine valeur. Grâce au trac, vous gardez à l'esprit le souci de la préparation soignée et, aussi, de la brièveté. Si vous n'éprouviez pas cette crainte, vous ne seriez probablement pas enclin à bien vous préparer.

De plus, le trac constitue un phénomène souhaitable dans une certaine mesure, comme outil de dépassement de soi et comme moyen personnel de critique et d'amélioration.

Enfin, le trac confère un surcroît de dynamisme à l'orateur au moment de sa prestation. Nombre d'acteurs chevronnés affirment que, sans le trac, ils ne pourraient maintenir le degré d'intensité voulu.

Par contre, se sentir bien seulement lorsque l'on est devant un large public peut dénoter un malaise. Ce sentiment peut signifier la peur de l'intimité. Dans ce cas, une personne n'a pas besoin d'apprendre les techniques pour parler aisément en public (techniques que l'on peut apprendre sur le bout de ses doigts), mais elle doit faire face à un défi autrement plus exigeant : affronter ses démons intérieurs pour enfin régler son problème avec l'intimité.

Une personne qui se sent à l'aise dans une conversation avec une ou deux personnes, voire un petit groupe, a de la facilité à entrer en contact avec les membres de son entourage. Elle est bien dans sa peau, elle n'a pas peur de l'intimité, et elle peut facilement faire face aux émotions des autres et aux siennes. Pour elle, apprendre à parler en public ne sera qu'un apprentissage supplémentaire. Elle n'aura qu'à faire l'acquisition de « techniques » pour mieux séduire son public et diminuer son stress.

**Une anecdote de Sylvie**

Un participant aux ateliers de marketing de soi affirmait qu'il était tout à fait à l'aise devant une foule. Il présentait son discours en restant superficiel et s'en sortait assez bien. Cependant, comme il craignait les imprévus et les questions, il quittait la salle dès son allocution terminée. Il détestait également les rencontres intimes, car elles l'obligeaient à se montrer sous son vrai jour. Contrairement à bien d'autres, cet homme a d'abord dû travailler à prendre la parole dans des contextes plus intimes.

Lorsque vous avez accepté qu'un certain degré de nervosité est normal, vous pouvez appliquer des méthodes visant à maîtriser votre trac, notamment les exercices de respiration. L'oxygène calme, et une respiration volontairement lente ralentit les battements du cœur.

Si vous avez la voix coincée ou un trou de mémoire, réprimez la panique qui monte en vous. Ne pensez qu'à *respirer*, puis consultez vos fiches ou, en l'absence de celles-ci, pensez à ce que vous voulez partager avec votre auditoire ; faites-vous confiance et tout ira mieux.

Les mouvements physiques recommandés avant de se produire en public ressemblent aux exercices d'échauffement de l'athlète : mouvements des doigts et des orteils, rotation du cou pour détendre les cordes vocales, mouvement latéral de la mâchoire, etc.

On conseille souvent aux orateurs de se montrer pleins d'assurance, même s'ils tremblent en leur for intérieur. Le secret est davantage de trouver en soi un certain plaisir à vouloir partager ses connaissances, son opinion ou ses émotions avec l'auditoire.

Avant tout, il faut rester soi-même ! Quand l'orateur est à l'aise, le public l'est aussi.

Ne pas avoir le trac n'est pas un signe de supériorité, mais l'avoir vaincu est certes significatif. Nous devons retenir qu'avoir le trac est une émotion normale et même souhaitable, que le trac n'est pas un état propre aux débutants, qu'il ne met pas en question le talent de l'orateur, qu'il peut être vaincu et que, même s'il persiste, il peut être apprivoisé et coexister avec une carrière brillante.

Mentionnons qu'il ne faut pas confondre le trac, phénomène momentané et accidentel, avec la timidité, qui est une manière d'être permanente. Comme le trac, la timidité se manifeste à différents degrés. L'orateur relativement timide pourra parler en public, mais si sa timidité est extrême, il ne pourra tout simplement pas s'exprimer !

## 4.2 LE STRESS

Il est évident que le trac augmente lorsque l'on vit une période de grand stress. Souffrez-vous de stress ? Avez-vous besoin de relaxation ? Répondre oui à l'une ou l'autre des questions ci-dessous indique votre besoin de vous détendre.

### Êtes-vous en période de stress ?

**Votre corps est-il tendu ?** **Oui ❑** **Non ❑**

De mauvaises attitudes ou des émotions refoulées, comme la peur ou la colère, provoquent souvent des douleurs physiques. Des exercices respiratoires, des massages et un travail sur la position du corps vous aideront à relâcher la tension du corps et de l'esprit.

**Avez-vous du mal à « être bien » ? Oui ❑ Non ❑**

**Avez-vous des difficultés à vous décontracter en compagnie d'autres personnes et à prendre plaisir à pratiquer diverses activités ? Oui ❑ Non ❑**

Pratiquer un sport, à deux ou en groupe, vous aidera à apprécier la compagnie des autres. L'activité physique réduit la tension nerveuse.

**Votre alimentation est-elle équilibrée ? Oui ❑ Non ❑**

Prendre à heures fixes des repas équilibrés est l'une des règles d'or pour rester en santé. Or, c'est aussi la première règle que l'on cesse de respecter en période de stress. Essayez de conserver un régime alimentaire sain et équilibré, de façon à conserver un taux de glycémie stable et, par conséquent, toute votre énergie.

**Travaillez-vous trop ? Oui ❑ Non ❑**

Ne laissez pas le travail gouverner votre vie. Prenez le temps de vivre en famille ou avec vos amis. Trouvez le bon équilibre entre le travail et les loisirs.

**Êtes-vous sujet à la panique ? Oui ❑ Non ❑**

L'anxiété chronique et les crises de panique sont extrêmement gênantes. Recherchez les causes cachées de votre stress et efforcez-vous de trouver des solutions à ces maux. Pratiquez des exercices pour faire baisser votre anxiété.

**Manquez-vous d'énergie et de motivation ? Oui ❑ Non ❑**

L'apathie est souvent un symptôme de dépression, laquelle relève de la médecine. Si c'est votre cas, consultez un spécialiste. Toutefois, l'apathie peut aussi être causée par une insatisfaction passagère. Repérez ce qui mine votre énergie, puis prenez les mesures nécessaires pour rétablir la situation.

**Avez-vous des difficultés relationnelles ? Oui ❑ Non ❑**

Si vous manquez de confiance en vous, privilégiez les relations où vous vous sentez en confiance. N'hésitez pas à exprimer clairement vos besoins.

**Avez-vous des idées noires ? Oui ❑ Non ❑**

**Êtes-vous envieux ? Oui ❑ Non ❑**

**Avez-vous l'impression de passer à côté de la vie ?**
**Oui ❑ Non ❑**

**Êtes-vous un éternel pessimiste ? Oui ❑ Non ❑**

Si tel est le cas, vous devez agir sur le côté négatif de votre subconscient, qui gouverne votre vie. Les pensées positives et constructives ainsi que des exercices de visualisation vous aideront à modifier vos réactions.

Adapté de N. Lacroix, ***101 trucs et conseils – Savoir se relaxer***, Saint-Laurent, Éditions du Trécarré, 1998, p. 11.

---

## 4.3 LE DISCOURS

L'art oratoire fait partie intégrante de la vie, qu'on le veuille ou non. Or, beaucoup refusent cette réalité. Le manque de sincérité le plus flagrant de la part d'un orateur se manifeste souvent par la petite phrase « C'est avec plaisir que je me trouve parmi vous... », alors qu'il est évident qu'il souhaiterait se trouver n'importe où ailleurs sur la planète. Pourtant, il est indéniable qu'un discours préparé avec soin peut être une source de vif plaisir pour l'orateur comme pour l'auditoire.

Le secret d'un bon discours et de la victoire sur l'angoisse devant un public demeure donc une préparation minutieuse.

Durant un discours, tout pourra être relevé et jugé : notre voix, notre attitude, notre posture et nos gestes, les premiers mots que nous prononçons, les vêtements que nous portons, etc. La meilleure façon de surmonter le stress que ces multiples considérations engendrent est de consacrer le temps nécessaire à l'élaboration de notre discours.

Le discours enfin couché sur papier est le résultat de la masse parfois énorme de recherches, du travail de rédaction et des répétitions. Le discours doit être bien structuré, doit s'appuyer sur des faits et être rédigé avec autant de rigueur qu'une dissertation scolaire.

Cependant, avant d'amorcer la rédaction, il est utile de répondre aux questions fondamentales suivantes :

1. En ce qui concerne la connaissance de l'auditoire :

   Qui composera l'auditoire ?

   Qui sont ces gens que je vais rencontrer ?

   Quels sont leurs besoins, leur âge, leur culture, leurs habitudes, leurs attentes, leurs préoccupations ?

2. En ce qui concerne la connaissance de notre sujet :

   Est-ce que je connais à fond ce dont je vais parler ?

   Quels types de questions mon auditoire est-il susceptible de me poser ?

   Ai-je les connaissances et le matériel requis pour répondre aux questions ?

**Les mots de Jacques Godbout**

Car le plus dur sera ce soir, une conférence en anglais devant un auditoire sélect du Center for Inter-American Relations. Pour me rassurer, on me dit que notre ambassadeur, Gérard Pelletier, s'est adressé au même groupe il y a quelques mois. Mais, pensais-je en moi-même, il avait un texte ! Moi, qu'est-ce que je vais leur raconter ? Qui sont ces gens ? Je me mets à réfléchir [...] et je trace sur trois fiches autant de plans de discours sur la culture, la politique et la littérature du Québec. [...] Et je parle pendant deux heures en anglais devant cinquante personnes qui ont l'air d'y prendre plaisir.

Jacques Godbout, *L'écrivain de province – Journal 1981-1990*, Paris, Éditions du Seuil, 1991.

Trois étapes simples aident à construire le plan de notre « improvisation préparée ». Cette expression peut sembler paradoxale, mais, en réalité, un discours demeure une certaine forme d'improvisation ; en effet, on ne lit pas tout un texte, mais on choisit seulement quelques mots clés.

Voici la méthode la plus simple pour préparer un discours, celle qui nous dépanne peu importe les circonstances et qui nous permet d'être naturels.

1. Inscrivez tout ce qui vous passe par la tête sur le sujet que vous allez traiter. Votre cerveau sait que vous avez un discours à prononcer, donc il fonctionne sans arrêt, même la nuit. Transcrivez vos idées dans un calepin posé sur la table de chevet ou, si elles vous viennent en voiture, utilisez un magnétophone de poche.
2. Faites ressortir deux ou trois idées principales, soit vos idées maîtresses. Certains regroupements d'idées s'imposeront naturellement.

3. Triez ces idées et mettez-les en ordre. Pour vous faciliter la tâche, posez-vous cette question : « Qu'ai-je le goût de dire en premier ? en deuxième ? par la suite ? »

Lorsque ces trois étapes sont franchies, il vous reste à rédiger l'introduction et la conclusion sur des fiches individuelles (entre les deux, que des mots clés regroupés sous vos idées maîtresses). Dans le meilleur scénario, vous connaîtrez par cœur l'introduction et la conclusion et vous les prononcerez en regardant l'auditoire. Le fait de les écrire vous mettra en confiance au moment du stress initial ou en cas d'imprévu. Pensez à écrire gros, de façon à garder une certaine distance par rapport à vos notes, et à rédiger votre texte à double interligne, ce qui vous permet d'ajouter une idée à la dernière minute. Numérotez vos fiches ; si vous les échappez, vous les reclasserez facilement. Certains orateurs aiment avoir une feuille résumant le plan des fiches numérotées avec une brève explication de chacune. Cette feuille sera placée sur une table ou sur le lutrin. En aucun cas, on ne doit tenir une feuille dans ses mains, car le stress fait parfois trembler l'orateur.

L'introduction annonce le sujet et les idées principales que nous voulons développer. Elle peut aussi être composée d'une seule grande idée générale ou globale, c'est-à-dire le sujet même qui va être abordé. Une question, une statistique choc, une révélation ou un exemple imagé peuvent également servir d'introduction. Si vous optez pour ce type d'amorce, vous devriez être capable de rédiger votre introduction au verso d'une carte professionnelle.

L'introduction doit attirer l'attention de votre auditoire. Elle fournit non seulement de l'information générale sur le sujet traité, mais elle doit aussi vous présenter de façon très brève. Cela rassure les participants quant à votre compétence. Si quelqu'un prend la responsabilité de vous présenter, vous n'aurez plus à le faire vous-même dans votre introduction, à moins que vous vouliez apporter des précisions ou vous en servir pour faire un lien avec votre discours.

La conclusion doit être solide, de façon à éviter que l'allocution se termine en queue de poisson.

On pourrait résumer les parties du discours en ces termes :
- L'introduction, c'est ce dont je leur parlerai (le futur).
- Le développement, c'est ce dont je leur parle (le présent).
- La conclusion, c'est ce dont je leur ai parlé (le passé).

Autrement dit :
- Dites ce que vous allez dire.
- Dites-le.
- Reprenez ce que vous venez de dire.

**À RETENIR**

***Les allocutions très détaillées, comme celle du budget lue par le ministre des Finances, doivent être couchées sur papier par souci d'exactitude.***

***Dans tous les autres cas, la lecture d'un discours nuit à la spontanéité de l'orateur. Ce dernier est le plus souvent penché sur ses feuilles et il bafouille comme un écolier.***

***La solution consiste-t-elle à apprendre ses notes par cœur ? Non ! Le commun des mortels n'a ni le temps, ni la formation, ni la capacité de mémoriser de longs morceaux de prose. Le « par cœur » peut même exacerber le stress si, sans crier gare, la mémoire vient à flancher.***

***Nous vous conseillons donc d'improviser en vous appuyant sur des notes que vous consulterez pour ne rien oublier et pour que votre discours progresse logiquement.***

***Toutefois, s'il est vrai que les meilleurs discours sont à caractère spontané, il n'est pas donné à tout le monde de posséder l'art oratoire. Tous n'ont pas l'esprit suffisamment vif pour improviser sans hésitation, sans user de lieux communs, sans se répéter ou s'écarter du sujet. Pour certains, il est plus sécurisant de rédiger et de lire le discours. Si c'est votre cas, voici ce qu'il faut faire :***

***• Dactylographiez votre discours, ce qui rendra votre texte plus lisible. Donnez-lui une mise en pages aérée, choisissez une police de 14 ou 16 points et évitez qu'un paragraphe en bas de page se poursuive sur la page suivante.***

***• Un texte, avant d'être lu, doit être travaillé si l'on veut produire l'effet désiré. Donc, soulignez les mots importants et utilisez des barres obliques pour marquer vos pauses. Winston Churchill, orateur puissant s'il en est, écrivait intégralement ses discours sur des bouts de papier, puis il ajoutait des directives telles que « bégayer », « me corriger », « chercher mes mots ».***

***• Répétez votre discours à haute voix pour vous assurer qu'il sonne bien. Afin de tester votre efficacité, demandez à un proche d'agir comme témoin ou filmez-vous à l'aide d'une caméra vidéo. Généralement, si le discours n'obtient pas l'effet escompté, ce n'est pas à cause du trac, d'une déficience technique ou de l'apparence de l'orateur, mais plutôt parce que le texte a été rédigé à la dernière minute et que l'orateur a négligé de le répéter.***

• • • • • • • • • • • • • • • • • • • • • • • • • • • • • • •

### 4.3.1 La durée du discours

En règle générale, la qualité d'un discours est inversement proportionnelle à sa durée. L'orateur doit constamment renouveler ses approches pour maintenir l'attention des auditeurs. Le moment arrive où, immanquablement, leur concentration s'égare. Les rédacteurs de discours professionnels affirment qu'il est difficile de maintenir l'attention d'un auditoire plus de 20 minutes.

La profondeur recherchée par l'orateur s'exprime trop souvent par la durée. Pourtant, un discours long et superficiel dénote fréquemment un manque de préparation. Abraham Lincoln disait qu'il lui fallait deux semaines pour rédiger un discours de 20 minutes, une semaine pour une allocution de 40 minutes et qu'il pouvait, s'il improvisait, parler facilement pendant une heure.

### 4.3.2 L'allègement du discours

Un discours riche en faits et en idées peut malheureusement devenir trop dense. Pour l'alléger, et si le sujet s'y prête, ponctuez-le de pointes d'humour. Mais attention : laissez le monologue humoristique aux professionnels. Rien n'est pire qu'une plaisanterie qui tombe à plat. Cherchez à provoquer le sourire, non le rire gras.

En écrivant un discours, comme d'ailleurs tout autre texte, soyez clair. Utilisez des mots qui font partie du vocabulaire de votre auditoire et adoptez un langage familier. Par exemple, préférez « ciel » à « firmament », « loi » à « législation ». Évitez le jargon professionnel, sauf si les personnes présentes peuvent comprendre chacun de vos mots. Le vrai talent est basé sur la simplicité.

Par ailleurs, la langue parlée a ses propres règles. Elle tolère les répétitions (« Qu'ai-je fait alors ? Oui, qu'ai-je fait ? ») et les phrases syncopées (« Je suis allée à ma voiture. J'ai ouvert la portière. J'ai pris mes gants. »), mais non les subordonnées en cascade (« Cette nuit où les étoiles brillaient, quand il m'a semblé que tout le monde dormait, et comme j'entendais le chien hurler, j'ai... »).

Enfin, il est important de savoir que la voix monocorde a un effet somnifère sur les auditeurs. S'il est difficile de modifier le timbre de sa voix, on peut apprendre à le moduler. Faire des pauses à des moments bien choisis, ralentir, accélérer, varier son débit maintiennent l'intérêt d'un auditoire. Si l'orateur est doté d'un peu de flair oratoire, même les longs discours restent passionnants.

### 4.3.3 La fin du discours

La fin d'un discours exige un soin particulier, car les dernières phrases se gravent dans la mémoire des personnes présentes. Aucune formule ne dicte la conclusion d'une allocution, c'est pourquoi il faut travailler la finale jusqu'à ce que le message soit percutant. Comme nous l'avons mentionné précédemment, il est essentiel de mémoriser le dernier paragraphe et de regarder intensément son auditoire au moment de le prononcer.

Étroitement liée à l'art oratoire, la confiance en soi s'acquiert avec l'effort et la volonté. Vous vous rendrez vite compte que l'assurance acquise dans la pratique de l'art oratoire enrichira toutes les facettes de votre vie.

**À RETENIR**

***Le discours doit non seulement plaire à l'oreille mais aussi à l'œil. Si vous faites face à un public, votre apparence physique est plus importante que partout ailleurs. Vous devez soigner votre tenue en vue d'une allocution tout comme vous le feriez pour un mariage ou tout autre événement social. Évidemment, votre tenue doit être appropriée. Les vêtements d'un orateur ne doivent pas être trop voyants ou trop élégants, ce qui détournerait l'attention de ses propos. Il sera davantage question de la tenue vestimentaire dans le chapitre qui suit.***

## 4.4 LES GESTES

Ceux qui affectionnent les attitudes théâtrales doivent faire preuve de retenue pour ne pas distraire leur auditoire. Cependant, les gestes étant l'expression de la personnalité, vous seriez mal à l'aise si vous les supprimiez totalement. Pensez à un orateur qui ne bougerait pratiquement jamais et qui garderait ses mains dans ses poches pendant toute son allocution !

Comme nous le mentionnions dans le chapitre sur la communication, les gestes composent 55 % d'un message. Voyez maintenant ce que votre vis-à-vis peut vous révéler en adoptant différentes attitudes.

## ON SE RÉVÈLE PAR SES GESTES !

| | |
|---|---|
| ▪ Coude sur la table et joue dans la paume de la main. | ▪ Attention, intérêt, écoute (le type compréhensif). |
| ▪ Debout, appuyé au mur, jambes et bras croisés. | ▪ Grande timidité ; voudrait être ailleurs. |
| ▪ Jouer avec sa bague. | ▪ Signe de découragement et de stress. |
| ▪ Réprimer le rire avec la main. | ▪ Peur de prendre une décision. |
| ▪ Replacer ses lunettes. | ▪ Scepticisme, porté à l'analyse (le type réflexif). |
| ▪ Porter la main derrière la nuque. | ▪ Caractère social, extraverti, sens de l'humour (le communicatif). |
| ▪ Tourner une mèche de cheveux. | ▪ Personne impressionnée, qui veut vous ressembler, qui boit vos paroles. |
| ▪ Lèvres avancées. | ▪ Retient ses pensées, ne veut pas embêter, distraire ou blesser. |
| ▪ Se ronger les ongles. | ▪ Trouble, difficulté à se concentrer. |
| ▪ La tête en avant du corps. | ▪ Impatience et caractère fonceur (l'actif pressé). |
| ▪ Se frotter les yeux. | ▪ Susceptibilité, sentiment d'échec, manque de confiance en soi (ou problème de vue !). |

| | |
|---|---|
| ▪ Se mordiller les lèvres. | ▪ Dépassé par les événements, mal à l'aise, peur de le laisser paraître. |
| ▪ Poser son index près de l'œil. | ▪ Écoute, observe, analyse, apprend. |
| ▪ Assis, jambes croisées et bouger le pied. | ▪ Ennui et impatience. |
| ▪ Se prendre le nez, les yeux clos. | ▪ Préoccupé par une décision difficile à prendre. |
| ▪ Joindre les mains devant la bouche. | ▪ Conserve sa position avant de dire quelque chose d'important. |

Adapté de G. I. Nierenberg et H. H. Calero, ***How to read a person like a book — And what to do about it***, New York, Cornerstone Library, 1971, 184 p. et de G. Boucher, « Ces gestes qui nous trahissent », ***Coup de pouce***, janvier 2000, p. 48-53.

Quand vous prenez la parole en public, vous devez être conscient de vos gestes et les utiliser à bon escient. Soyez vous-même, mais en mieux. Si vous avez tendance à manger vos mots, pensez à bien articuler et appuyez vos mots par des gestes simples de la main et du regard. Si vous parlez vite, pensez à ralentir le débit, souriez à l'occasion, du moins au début et à la fin de votre présentation. Certains disent que l'on n'est jamais totalement habillé tant que l'on n'a pas un sourire.

De même, devant un auditoire, c'est le moment ou jamais de vous tenir droit, la poitrine bombée et le ventre rentré. Pressez légèrement la nuque contre votre col. Une telle pose vous donnera non seulement de la prestance, mais également, en augmentant votre capacité pulmonaire, elle vous aidera à maîtriser votre respiration. Se trouver à bout de souffle en pleine envolée est terriblement embarrassant.

## 4.5 QUELQUES CONSEILS PRATIQUES

Lorsque l'on prend la parole en public, il faut éviter de commettre les erreurs courantes suivantes :

- Transférer continuellement son poids d'un pied à l'autre ;
- Parler à côté du micro ;
- Parler dans un micro qui n'a pas été vérifié au préalable et qui fonctionne mal ;
- Accepter la configuration d'une salle même si elle ne convient pas ;
- Oublier de regarder chaque groupe de personnes ;
- Se comporter de manière condescendante ;
- Dépasser le temps alloué ;
- Tenter de dissimuler une erreur ;
- Ne pas faire suffisamment de pauses et parler trop vite ;
- S'exprimer dans un langage trop coloré, blessant ou vulgaire ;
- Raconter des anecdotes non pertinentes ;
- S'excuser pour son manque d'expérience, un défaut de préparation, un manque de connaissance du sujet, ou pour sa nervosité (ne dépensez pas votre énergie pour des points négatifs qui vous rabaissent).

Vous avez un court message à transmettre ? Il sera d'autant plus efficace si vous gardez en tête ces 10 points essentiels.

*1. Un texte concis*

Employez des mots significatifs. Évitez les mots inutiles.

*2. Un texte positif et une voix positive*

Nous sommes plus réceptifs quand le message qui nous est livré est positif. Évitez la négation. La voix doit être vivante et le ton, affirmatif.

*3. De bonnes pauses*

Les bonnes pauses sont essentielles. La logique du texte vous indiquera quand marquer une pause. Si vous improvisez, faites des arrêts selon votre bon jugement.

*4. L'intonation logique*

Accentuez certains mots au bon moment. Par exemple : « C'est avec le **temps** et le **travail** que vous deviendrez un bon orateur. »

*5. Le ton de la conversation*

Le ton crée l'intimité. Il doit être suffisamment soutenu pour établir et maintenir la communication avec l'auditoire.

*6. La personnalisation du débit*

Il faut être soi-même. La meilleure façon d'y arriver si vous avez un texte, c'est de le lire quelques fois et de tenter par la suite de livrer le message dans vos propres mots.

*7. Une bonne prononciation*

Que tous les sons que vous émettez soient clairs ! Les auditeurs ne doivent jamais avoir à deviner votre propos (voir l'exercice d'articulation à la section 4.6).

*8. Une énonciation claire*

Au cours de la lecture d'un texte, exprimez bien votre pensée. Lisez avec intelligence. Il est de toute nécessité que vous-même, en tant qu'orateur, saisissiez le sens du texte. Si vous improvisez, habituez-vous à bien exprimer votre pensée en employant le mot juste, sans parenthèses interminables. Ainsi, vous n'aurez pas à ajouter le sempiternel « c'est-à-dire ».

*9. La conviction*

Si l'orateur n'est pas convaincu lui-même, comment pourrait-il convaincre son public ? La conviction est le secret d'un bon message.

*10. Une voix gaie, joviale, « souriante »*

Ayez une voix « souriante ». Ainsi, l'information que vous voulez transmettre sera plus agréable à entendre.

## 4.6 UN EXERCICE D'ARTICULATION

Voici un entraînement original pour parfaire sa diction en vue de se faire mieux comprendre ! Dites tout haut, à plusieurs reprises, chacune des phrases qui suivent. Quand vous serez un as dans cet exercice, vous utiliserez bien tous les muscles de votre visage.

1. Blé brûlé ;
2. Panier, papier, piano ;
3. Trois mousses rousses ;
4. Je veux et j'exige (faites la liaison : je veux « zé » j'exige) ;
5. Veste verte, verte veste ;
6. Pruneau cuit, pruneau cru ;
7. Didon dîna, dit-on, du dos d'un dodu dindon ;
8. Le fisc fixe exprès chaque taxe excessive exclusivement au luxe et à l'exquis ;
9. Un banc plein de pain blanc, un plein banc de blanc pain ;

10. Ces cent six sachets — sachez cela — si chers qu'Alix à Nice exprès tout en le sachant chez Chassachax choisit, sont si chers chacun, si chers qu'ils charment peu ;
11. Dis-moi, gros gras grand grain d'orge, quand te dégrosgrasgrandgraind'orgeras-tu ? Je me dégrosgrasgrandgraind'orgerai quand tous les gros gras grands grains d'orge se dégrosgrasgrandgraind'orgeront ;
12. Si six cents scies scient six cents cigares, six cent six scies scieront six cent six cigares (attention à l'assibilation ici) ;
13. Il faut qu'un sage garde-chasse sache chasser tous les chats qui chassent dans sa chasse.

Répétez souvent ces phrases, entre amis, avec les collègues ou avec les enfants. Une fois vos muscles exercés, vous ne bafouillerez plus et aurez davantage confiance en vous-même en plusieurs circonstances.

**Une anecdote de Sylvie**

Dans un restaurant, voyant que je ne prenais ni café ni thé, une serveuse qui parlait très vite m'offrit une « cent ». Je ne comprenais pas. Lorsqu'elle m'apporta le coffret de « tisanes », j'ai su enfin ce qu'elle voulait dire : « tisène » dit rapidement fait « cent » !

CHAPITRE 5

# L'image

*Celui qui a vu son semblable au plus bas de la déchéance n'a plus les mêmes yeux : il a détruit sans le savoir le mur qui séparait l'homme de son image.*

J. Bousquet, *D'une autre vie*

*Retire-toi dans toi, parais moins, et sois plus.*

T. A. d'Aubigné, *Les Tragiques*

1. Quelle impression est-ce que je donne de prime abord à autrui ?
2. Mes vêtements sont-ils appropriés à la circonstance ?
3. Ne serait-il pas temps de rafraîchir ma garde-robe ?
4. Est-ce vrai que « l'habit ne fait pas le moine » ?
5. Ai-je les accessoires et le maquillage qui correspondent à ma tenue ?
6. Qu'est-ce que je dégage par mon allure, mon comportement, mes attitudes ?
7. Mes vêtements ou mes bijoux capteront-ils davantage l'intérêt de mes interlocuteurs que mon message ?

On entend souvent dire : « Cette personne a le physique de l'emploi. » Toutefois, le proverbe « L'habit ne fait pas le moine » a aussi la vie dure. Qu'en est-il au juste ?

L'habit ne fait pas toujours le moine, mais il faut rester conscient que l'on vit dans un monde qui juge beaucoup d'après l'apparence. On privilégie certes la beauté intérieure qui, de toute façon, rayonne vers l'extérieur, mais si l'on est fier de son être, on veut le mettre en valeur ; on veut bien « habiller » le trésor en soi. Bref, il vaut mieux être authentique et bien paraître qu'être authentique et mal paraître.

## 5.1 L'ÉQUILIBRE ENTRE NOTRE IMAGE ET NOTRE PERSONNALITÉ

L'image est la première impression que les autres ont de nous. Nous sommes perçus au premier abord comme étant ceci ou cela, avant même que notre personnalité entière soit dévoilée. L'image, c'est ce que nous dégageons, ce que nous projetons, comme le montre cet extrait :

> *Daniel Stewart paraît très jeune au premier abord. La première impression qu'il donne est celle d'extrême jeunesse : un vrai gamin. [...] Au bout d'un moment, on prend une conscience insistante des rides de son visage, [...], et du gris parmi ses cheveux [...]. Mais cela n'est qu'entre parenthèses. Il est agréable, un peu patelin, intelligent*[12].

Généralement, la première chose que nous percevons de quelqu'un est l'image qu'il projette, laquelle est souvent reliée à l'âge. Vient ensuite la conscience des caractéristiques physiques de la personne. Enfin, nous reconnaissons des traits de sa personnalité.

12 R. Rendell, *Vera va mourir*, Paris, Calmann-Lévy, 1987, p. 255.

Le marketing de soi, c'est être conscient de l'effet qu'a son image. Mais, comment rester soi-même dans un monde très matérialiste où l'image et les apparences transcendent le plus souvent la véritable personnalité ? Comment jouer le jeu de l'image tout en restant vrai, authentique ? La réponse nous vient sans doute de l'enfance ; en effet, même dans les jeux où l'enfant tient divers rôles et se costume de multiples façons, il est toujours lui-même et authentique dans sa capacité de s'adapter aux différentes facettes de sa personne.

**Un mot sur le costume de l'emploi**

Une agence immobilière voulait recruter un coordonnateur pour qu'il s'occupe des relations avec les membres. Un jeune homme vient en personne déposer son curriculum vitæ sur lequel la réceptionniste note que le candidat porte une boucle d'oreille et a les cheveux longs. Sa candidature est rejetée pour ce qui semble être un simple détail.

Le jeune homme aurait-il eu avantage à sonder le terrain avant de se présenter à l'agence immobilière ? S'il l'avait fait, il aurait sans doute appris que ce milieu est assez conventionnel. S'il avait quand même convoité le poste, il aurait choisi de se couper les cheveux et d'enlever sa boucle d'oreille, quitte à négocier plus tard le port de son anneau. Par contre, s'il ne se sent pas à l'aise sans sa boucle, il ferait mieux de chercher un emploi ailleurs, là où cet accessoire n'est pas proscrit et peut même constituer un atout ! Souvent, les vêtements sont des accessoires, mais pour certaines personnes, ils font partie intégrante de leur identité.

Sans doute connaissez-vous l'expression « Chassez le naturel, il revient au galop ». En fait, il ne s'agit pas de chasser le naturel de notre personnalité ni de présenter une fausse image de ce que nous sommes réellement, mais de nous montrer nous-mêmes sous notre meilleur jour.

Nous avons tendance à considérer l'image comme une façade qui protège notre véritable personnalité aux yeux du monde, comme un mur de béton qui empêche les autres d'accéder à notre territoire privé. Par le fait même, dès que nous rencontrons une personne pour la première fois, nous croyons nous heurter immanquablement à de la fausseté, à un miroir déformant. Nous espérons que nous pourrons éventuellement découvrir son « vrai moi », celui derrière ce mur plus ou moins épais, celui caché sous des couches de faux-semblants.

**MAUVAISE REPRÉSENTATION DU CONCEPT DE L'IMAGE**

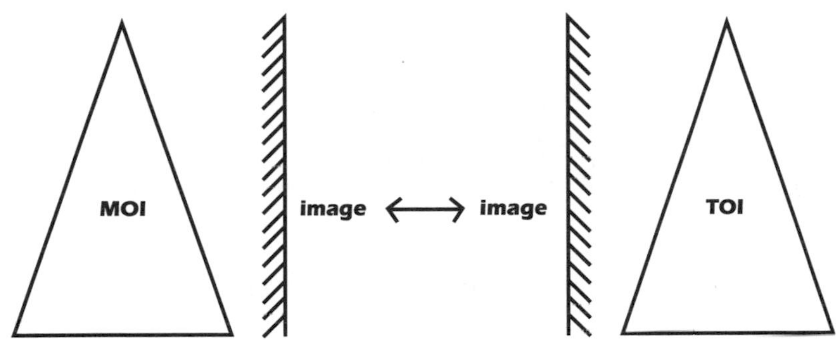


La conception de l'image selon laquelle elle est un mur de protection, voire une façade d'hypocrisie, érigée systématiquement entre soi et autrui, est erronée. L'image n'est en aucun cas complètement hors de soi. Elle fait partie de nous, elle est cette partie de nous-mêmes que nous présentons au regard de l'autre, elle est l'une des nombreuses facettes de notre personnalité.

## BONNE REPRÉSENTATION DU CONCEPT DE L'IMAGE

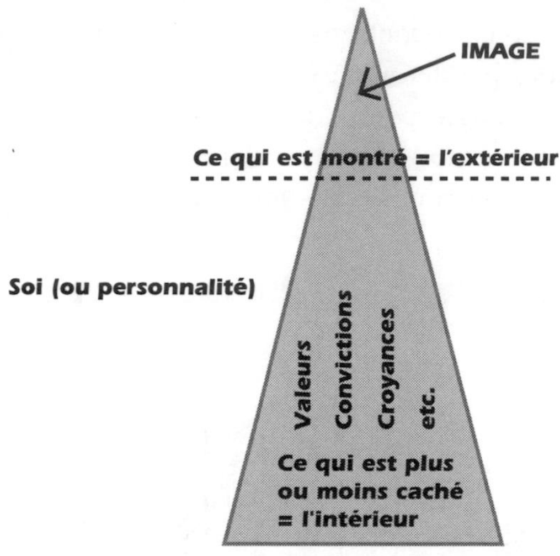


## LA POINTE DE L'ICEBERG

L'image est la pointe de toute notre personnalité. On peut décider de n'en montrer qu'une toute petite pointe.

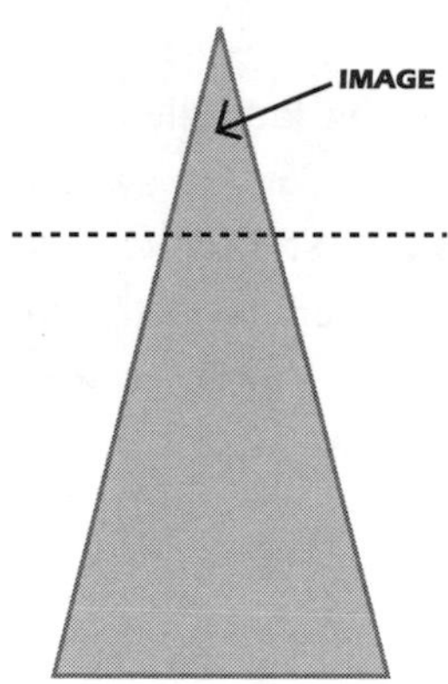

## LA POINTE DE L'ICEBERG

On peut aussi en montrer une grande pointe.

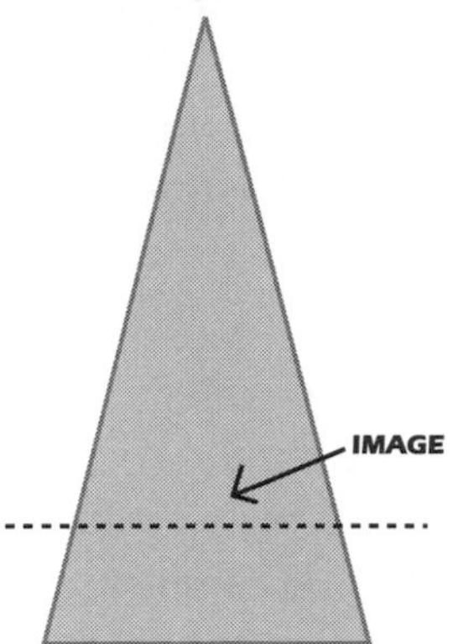


**Un malheureux dénouement...**

Après avoir livré une bonne performance à une entrevue pour un poste de cadre, un candidat se fait raccompagner à la sortie de l'immeuble par l'une des membres du comité de sélection. À son retour, celle-ci fait part de sa déception à ses collègues : « Sa démarche était nonchalante ; tout en lui exprimait son ennui. Il donnait l'impression d'avoir enfin terminé son spectacle. » Le comité a aussitôt rejeté la candidature de ce jeune homme.

On peut aussi choisir de présenter une fausse image de soi, qui fait écran à notre personnalité, mais ce n'est pas toujours le mensonge ou l'hypocrisie qui nous y pousse. La peur, la timidité, et même la fatigue peuvent nous inciter à nous présenter sous un autre jour.

**Une image qui a changé du tout au tout!**

À sa sortie de prison, un ancien cambrioleur est devenu représentant. Il fait du porte-à-porte et se présente ainsi: «Avant, je passais par les fenêtres. Aujourd'hui, je frappe à la porte. Avez-vous besoin d'un de mes produits? Cela m'encouragerait à continuer dans la bonne direction.»

Il appartient à chaque personne de laisser voir d'elle une image claire et limpide plutôt qu'un miroir déformant. Quoi de plus fort et de plus positif qu'une image vraie, conforme à ce que chacun est au plus profond de lui-même? Mais l'idéal est rarement possible. La personnalité peut-elle être totalement mise à nu par l'image que nous projetons? Pas vraiment... Il faut simplement nous efforcer d'être authentiques en donnant de nous une image qui correspond à nos valeurs profondes.

Être en équilibre et bien dans sa peau, c'est arriver à mettre en accord notre personne et l'image qui se dégage de nous.

**Élise, l'horticultrice**

Avant même de rencontrer Élise, vous avez déjà une idée assez conforme de la personne que vous allez connaître dans le cadre de son travail. Vous vous attendez à faire la connaissance d'une femme décontractée, portant des vêtements confortables; sans doute sera-t-elle professionnelle dans son discours, compétente dans son domaine — une experte quoi!

Élise est effectivement naturelle, simple mais convaincante, surtout quand elle vous montre des photos des aménagements paysagers qu'elle a créés. Dans sa voiture traîne une paire de bottes de travail.

En somme, Élise correspond en tous points à l'image que vous vous étiez formée de ce qu'est une professionnelle de l'horticulture. Tant mieux! Elle doit vendre ses services, mais, au moins, elle n'a pas l'obligation de vendre une image différente de celle à laquelle s'attend sa clientèle cible.

## Définissez votre personnalité

Quels sont les trois principaux adjectifs par lesquels on vous a défini le plus souvent au cours des dernières années?

___

___

___

↑

Vous avez là votre image.

Quels sont, selon vous, les trois principaux adjectifs qui définissent le mieux votre personnalité?

___

___

___

↑

Vous avez là votre personnalité.

Votre image et votre personnalité montrent-elles des différences marquées ou au contraire, sont-elles en accord?

L'image peut avoir besoin d'être retravaillée. Par exemple, quelqu'un qui attire comme du miel mais est rempli de fiel doit donner un coup de barre pour être en accord avec lui-même! Celui qui arrive devant un groupe et qui, sur un ton monotone, les épaules affaissées, déclare qu'il est « ravi d'être là ce soir » aurait également intérêt à soigner son image.

Peut-être véhiculez-vous une image hypertrophiée ? Peut-être dégagez-vous l'image d'une personne saisie par le démon de la réussite à tout prix, du genre « on marche ou on crève » ? Pénible à porter, non ?

Michèle Fitoussi[13], explique ce que veulent les *superwomen* : « Un boulot créatif et passionnant, un mec génial et amoureux, des enfants adorables et éveillés, une maison raffinée, un look sans accrocs, des petites mains de fée, une vie culturelle chargée, un corps de princesse. » Rien de moins !

Danger ! Oui, on peut embellir son image. Oui, on peut faire en sorte qu'elle soit authentique et de plus en plus rapprochée de sa personnalité, mais jamais au prix d'un essoufflement mortel ! Chercher à s'améliorer est en soi très bien et investir en soi est le placement le plus avantageux. Toutefois, rappelons-nous que nous sommes des êtres humains et que nous pouvons choisir de fonctionner avec nos faiblesses et à un rythme qui nous respecte, d'abord et avant tout.

Certains sont des « livres ouverts », se mettant à nu et à table sans même être invités ! D'autres ont peur de s'ouvrir et protègent leur jardin secret.

Malgré notre bonne volonté et notre désir de montrer aux autres notre vrai visage, nous tenons parfois à cacher nos sentiments (peine, joie, colère, etc.). Que ce soit par besoin de protection ou tout simplement pour des raisons plus banales, comme un moment mal choisi ou un endroit non approprié, il paraît préférable quelquefois de taire certaines choses devant quelques personnes ou pour une période plus ou moins longue.

13 M. Fitoussi, *Le ras-le-bol des SuperWomen*, Paris, Calmann-Lévy, 1987.

**Une anecdote de Judith**

Un homme, dont le père venait de mourir le matin même, aperçoit à une bouche de métro de Montréal une camarade qu'il n'a pas revue depuis plusieurs années. Ils se saluent, s'embrassent, marchent quelques pas ensemble, ravis de se rencontrer, puis se quittent en promettant de se revoir bientôt. Rien sur le décès... Cette même camarade, quelques jours plus tard, racontera à des tiers que son ami présentait vraiment l'image d'un homme perdu, qui agissait comme un automate.

L'image et la personnalité recèlent aussi leur lot de paradoxes. Des théories tendent à prouver que chez la même personne peuvent coexister une vérité et son contraire : chez la puritaine (image), la putain (personnalité) ; chez le chirurgien (image), un boucher qui s'ignore (personnalité), etc. Cette « loi du contraire » explique aussi que, dans une même famille, on retrouve un prêtre et son frère meurtrier. Des romans et des films ont abordé ce thème, mais le sujet reste encore à débattre dans la réalité.

## 5.2 LES SIGNAUX QU'ENVOIE NOTRE IMAGE

Comme nous l'avons vu, l'image, c'est ce que nous dégageons, ce que nous projetons comme message. Il est important de constater que nous projetons un ou des messages de façon *volontaire* ou *involontaire*. L'exemple de l'ami dont le père est décédé est pertinent à ce sujet. Même si, *volontairement*, il voulait donner de lui l'impression d'un homme joyeux prenant plaisir à la conversation, *à son insu*, il transmettait l'image d'un homme démuni, en train de perdre pied. Ainsi, même si nous voulons cacher profondément ce que nous sommes, même si nous érigeons un mur nous séparant des autres, de façon à protéger notre territoire et notre vie privée, nous montrons malgré tout des signes de notre moi véritable.

Quels peuvent être ces signes ? Volontaires ou involontaires, verbaux ou non verbaux, ils sont légion. Pensons à l'attitude, à la gestuelle, à notre choix de termes, à la mimique, au regard, à l'écriture, à l'énergie positive ou négative que nous dégageons, à notre voix (ton, force et débit), aux vêtements que nous portons ou aux couleurs que nous privilégions.

**Ce n'est pas seulement le poisson qui se fait prendre**

Un vendeur offre son poisson de porte en porte. Il stationne son camion en face d'une maison cossue. Au moment où il traverse l'allée, un ouvrier sur le toit lui demande ce qu'il vend comme produit. Le vendeur l'ignore et va directement sonner à la porte. La dame qui lui répond ne mange pas de poisson, mais son mari en raffole. Pourquoi ne pas lui en offrir ? Il est justement à effectuer quelques réparations sur le toit…

On a déjà tenté de démontrer qu'un enfant de moins de six ans est attiré par les personnalités qui se rapprochent de la sienne, dans un désir d'identification (le pareil). Quand nous passons l'âge de six ans, c'est l'inverse qui se produit : nous avons à la fois besoin de complémentarité et du contraire de ce que nous sommes. Au profit de notre évolution personnelle, nous sommes prêts à accepter la différence, à vivre le choc de la découverte de l'autre (le contraire). Cette théorie de la personnalité s'applique aussi au choix des couleurs. Par exemple, si vous avez été un petit garçon de six ans exubérant, peut-être vous rappelez-vous les couleurs vives et agressives de vos jouets ou de votre bicyclette (le pareil) ! Peut-être êtes-vous devenu un adulte dynamique évoluant dans un décor calme et serein aux tons dominants de beige et d'ivoire (le contraire) !

**Une anecdote de Judith**

Une amie me fait visiter sa nouvelle maison. J'ai un choc en voyant la chambre à coucher : les murs, le tapis et le plafond sont violets, les meubles sont noirs, de longs voiles noirs sont suspendus autour du lit, lui-même habillé d'un couvre-pied d'un violet agressif. Pas un soupçon d'une autre couleur plus douce, moins choquante, moins lourde. Par son décor, que transmet cette personne au juste ? D'un tempérament calme, elle a besoin de stimuli extérieurs très forts pour contrer sa tendance à l'apathie.

Notre physique envoie aussi un certain nombre de signaux. Nonobstant les stéréotypes, il semble bien que la femme blonde soit plus « en demande » que la brune, que l'on accole des qualités de leadership à l'homme grand plutôt qu'au petit, qu'une personne mince est parfois mieux considérée qu'un être « bien en chair », etc. L'étude de la morphologie peut être fascinante pour qui s'y adonne un tant soit peu, bien qu'elle comporte ses pièges et qu'il ne faille jamais oublier que chaque règle a son exception. Les signaux ou les messages que l'on envoie par son corps peuvent donc être révélateurs de notre vrai moi comme ils peuvent aussi aider à dissimuler celui-ci. À nous d'être vigilants quand nous voulons « percer » la véritable personnalité de quelqu'un.

**Sortir de l'auberge !**

Vous arrivez à l'auberge, le havre de paix dont vous avez besoin après une dure semaine de travail ! La réceptionniste ne s'occupe pas de vous, personne ne prend vos bagages, la musique est assourdissante.

Tout ce qui est non harmonieux sème un doute dans la tête du consommateur qui conclut au non-professionnalisme et risque fort de ne plus remettre les pieds dans ce milieu.

L'image que nous donnons aux autres peut être d'une importance capitale pour notre réputation et notre crédibilité professionnelle. Irions-nous vers une coiffeuse aux cheveux sales, un gynécologue à l'hygiène douteuse, un avocat à l'allure louche ou un massothérapeute aux ongles crasseux ? Nous avons besoin de faire confiance aux professionnels qui nous servent, et nous souhaitons qu'ils nous transmettent l'image attendue de gens accueillants, sérieux et compétents. Il est indéniable que tout un chacun, inconsciemment, se dirige vers des individus qui véhiculent un type d'image plutôt qu'un autre ; même ce qui peut sembler un détail parfaitement anodin au départ peut avoir un effet.

**Les lunettes de Robert Bourassa**

On conseille à Robert Bourassa, qui vient d'être élu premier ministre du Québec à 35 ans, de porter des lunettes à monture épaisse et foncée qui le font paraître un peu plus vieux. Des années plus tard, alors qu'il est question du retour de Bourassa sur la scène politique, on lui suggère une toute nouvelle image, avec, entre autres, des lunettes à monture plus fine susceptibles de le rajeunir !

Quand on parle d'image, le moindre détail (une barbe, des lunettes) peut jouer en notre faveur ou nous nuire. Notre crédibilité se joue parfois sur le fil du rasoir, le temps d'un coup d'œil... ou durant une brève conversation téléphonique.

En effet, ce n'est pas seulement ce que l'on voit, mais aussi ce que l'on entend, ce que l'on sent, ce que l'on touche et même ce que l'on goûte (donc les cinq sens) qui fait en sorte que l'on a une bonne ou une mauvaise impression d'une personne.

**PAR QUOI ON SE FAIT UNE OPINION D'UN INDIVIDU**

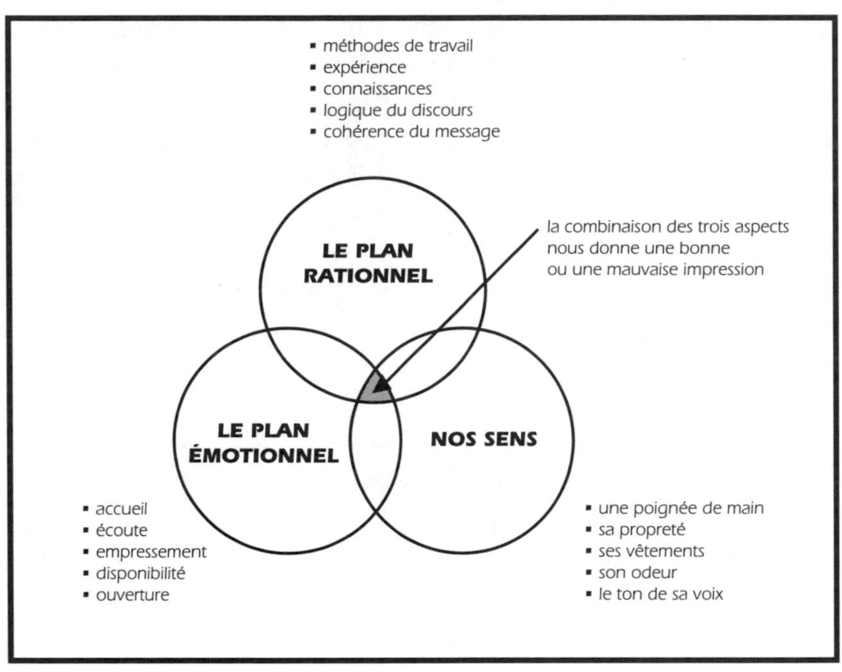

Pour se faire une opinion de nous, les autres auront tendance à considérer notre « maillon le plus faible », puis à généraliser[14]. Par conséquent, afin de mieux vendre son image, on aurait avantage à accepter les règles du jeu. Toutefois, pour se respecter soi-même, pour rester fidèle à sa personnalité, on peut jouer avec ces règles à sa convenance. On peut faire en sorte qu'elles nous conviennent entièrement ou partiellement, pourvu qu'elles répondent à nos intentions et qu'elles fassent partie de notre système de valeurs. Il s'agit de les mettre à sa main, en somme.

**L'image : pour les jeunes ou pour les employeurs**

Prenons le cas d'un travailleur social diplômé de fraîche date qui occupe un poste dans une maison de jeunes. Habillé comme ceux-ci, utilisant le même langage, participant à leurs activités, cet intervenant communautaire sait créer un climat de confiance parfait entre les jeunes et lui. L'image qu'il projette lui assure la collaboration des adolescentes et adolescents qui fréquentent cette maison. Dans le cadre de ses fonctions, il doit aussi aller négocier des contrats d'embauche pour sa jeune clientèle. Chez les employeurs, il ne se sent pas à l'aise, il a un air emprunté. Il a la nette impression de ne « pas être le bon poisson dans le bon bocal ». Il est suffisamment averti pour savoir que l'image qu'il montre de lui à ce moment-là peut lui nuire et peut surtout nuire aux jeunes qu'il représente. Les employeurs potentiels peuvent l'éconduire poliment mais fermement, en prétextant qu'aucun emploi n'est offert. Sa simple présence peut même aller jusqu'à augmenter le préjugé qu'ont parfois les employeurs à l'égard des jeunes. Que peut faire ce travailleur social ? Il y va de l'accès de sa clientèle à des postes intéressants ; il y va peut-être même de son propre poste...

14 Dans un document du gouvernement du Québec (*Un client toujours plus exigeant*, chapitre 7), il est écrit : « Lorsqu'un client évalue la qualité de service, il n'en dissocie pas les différentes composantes. Il la juge comme un tout. C'est l'impression d'ensemble qui domine et non la réussite relative à telle ou telle action spécifique. Pire encore, le client a tendance à s'arrêter sur le maillon le plus faible de la qualité et à en généraliser les défauts à tout le service. »

L'emploi qu'a au départ accepté cet individu lui demandait clairement d'assumer deux fonctions principales : d'abord s'occuper des jeunes, puis rencontrer d'éventuels employeurs. Comment concilier les deux ? C'est simple : jouer le jeu sans jouer de rôle mensonger. Porter le jean devant les jeunes, porter le veston-cravate devant l'entrepreneur. Ici, l'intervenant reste conscient de sa double image et l'accepte en tant que telle. Comme il passe la majeure partie de son temps auprès des jeunes, il fait ce qu'il préfère. Mais, pendant quelques heures par semaine ou par mois, il endosse l'autre rôle. Ne touchant en rien son système de valeurs, le fait de bien jouer le jeu lui permet d'obtenir les résultats recherchés, c'est-à-dire un bon poste pour la plupart des adolescents qu'il a sous sa responsabilité. Bref, compartimenter sa vie n'a aucun effet tragique ou dramatique.

Une autre solution pourrait s'offrir à ce travailleur social. S'il trouve trop pénible de se présenter devant un dirigeant d'entreprise, s'il a le sentiment de se déguiser, de ne plus être lui-même, si cette démarche lui demande un effort presque surhumain, il subit une partie de sa vie plutôt que de la choisir. Remettre sa démission est une solution trop radicale, mais obtenir l'aide d'un compagnon de travail est le scénario idéal. Un collègue pourrait aller à sa place négocier les contrats si importants pour les jeunes. Cette personne deviendrait un complément indispensable à la fonction première de l'intervenant. Après tout, non seulement « l'union fait la force », mais « deux têtes valent mieux qu'une » !

L'image d'authenticité, de sincérité et de respect des autres fera bon effet partout et sera toujours appréciée. C'est agréable d'être important, mais bien plus important d'être agréable ! Certaines habitudes ternissent parfois d'un seul coup une bonne réputation. L'image que chacun devrait projeter est celle d'une personne qui peut s'adapter aux valeurs d'autrui en se respectant elle-même.

Se mettre à son avantage, apprendre à mieux se connaître et à s'apprécier, développer sa personnalité, soigner son image ne veut pas dire épater la galerie. C'est plutôt de se trouver, chacun pour soi, une manière unique de présenter ce que l'on est. L'emballage coloré et original d'un cadeau ne vous donne-t-il pas tout de suite le goût de découvrir ce que contient la boîte ? Sans doute aimeriez-vous également savoir que les gens ont à votre égard le même sentiment d'enthousiasme.

## 5.3 LA TENUE VESTIMENTAIRE

En toutes circonstances, nous sommes jugés sur notre allure et notre tenue vestimentaire. Il convient donc de porter attention à notre apparence en général, peu importe le secteur d'activité dans lequel nous évoluons.

Voici donc quelques conseils.

*1. Un style à soi*

La création d'un style qui nous est propre n'exige qu'un préalable : la connaissance de nous-même, de ce qui nous convient et de ce qui nous met en valeur.

*2. Une garde-robe bien pensée*

Le premier secret du style est une garde-robe bien pensée. La vôtre l'est-elle ? Prenez quelques minutes et établissez le pourcentage qui correspond au temps que vous passez, au cours d'une semaine type, en tenues :

- de travail________________%
- décontractées_____________%
- de soirée_________________%

Avez-vous les vêtements qui conviennent à vos engagements professionnels, sociaux, familiaux et récréatifs ?

Une garde-robe qui ne vous laisse jamais tomber, quelle que soit l'occasion, se compose d'indispensables, soit des vêtements de base indémodables et qui offrent le plus grand nombre de combinaisons possible. À ceux-ci, des accessoires personnalisés viendront créer un style unique.

Quelques exemples d'incontournable dans la garde-robe de Madame : tailleur, robe de soirée, veston bleu marine, chemisier blanc en coton, chandail à col roulé de bonne qualité (de préférence noir), t-shirt blanc en coton de qualité, jean, imperméable et manteau. Ce sont tous des vêtements clés qui se trouvent au cœur d'une garde-robe équilibrée. La pièce maîtresse en est le tailleur-pantalon classique, de qualité, neutre, foncé (facile d'entretien, idéal pour le voyage, peut se porter en version chic ou sport).

Dans la penderie de Monsieur, nous suggérons : deux vestons et deux pantalons qui s'agenceront pour composer un ensemble classique foncé et l'autre décontracté, plus pâle. Les chemises, cravates et chaussettes seront assorties. Un jean, un manteau, un imperméable compléteront une bonne base.

### 3. *Le bon goût*

Consultez les magazines de mode. Ils guideront vos choix vestimentaires et vous donneront des trucs pour soigner votre apparence. En toutes circonstances, vos choix doivent être guidés par la sobriété, le bon goût, la classe et le professionnalisme. En ce qui a trait à la pertinence de vos choix, demandez l'avis de vos proches.

*4. La propreté*

Tant vos vêtements que vos accessoires doivent être propres en tout temps. Même votre voiture devrait présenter de vous une image impeccable, sinon, prenez un taxi !

*5. Le souci du détail*

- Adoptez une coupe de cheveux qui convient à la morphologie de votre visage.
- Choisissez judicieusement vos lunettes. Un artiste peut se permettre le « style Elton John ». Et vous ?
- Madame, portez un maquillage plutôt discret et pensez à glisser des bas de nylon de rechange dans votre sac à main.
- Monsieur, taillez bien votre barbe.
- Débarrassez vos dents de toute trace de nourriture ou de rouge à lèvres.
- Gardez une haleine fraîche, entre autres en évitant l'ail à l'heure du lunch.
- Cirez vos chaussures, faites remplacer les talons usés et préférez les talons plus discrets.
- Assurez-vous qu'il ne manque pas de boutons à vos vêtements.
- Évitez de dégager de mauvaises odeurs (des pieds, des mains, des aisselles).

**À RETENIR**

***Évitez les tenues vestimentaires trop extravagantes, car elles capteront l'attention au détriment de votre message. L'inverse est aussi vrai : évitez les tenues vestimentaires ternes et sans vie.***

CHAPITRE 6

# L'éthique

*Deviens ce que tu es.*

Pindare

*Je connais des sociétés dont le seul but est de faire de l'argent... Dans ces entreprises, j'ai rencontré une force de synergie négative: rivalités entre services, communication défensive, protectrice, manœuvres politiciennes et petits complots.*

M. Quinty rapportant les paroles de S. Covey, *Affaires PLUS*

1. Depuis quand
parle-t-on d'éthique ?
2. Quelques photocopies
et interurbains personnels
faits aux frais du bureau
passeront-ils inaperçus ?
3. Comment faire
des sous
tout en restant sensé ?
4. Je dois vivre selon
mes valeurs, mais que faire
si je suis en désaccord total
avec les agissements
de mon employeur ?

Voyons comment le *Petit Larousse illustré 2000* définit le mot *éthique* :

1. Partie de la philosophie qui étudie les fondements de la morale.

2. Ensemble de règles de conduite.

Ajoutons à cette définition celle de P. Reverdy : *L'éthique, c'est l'esthétique du dedans.*

L'acception du mot *éthique* qui concerne les règles de conduite a largement été commentée. Étiquette des affaires, étiquette de la table, bonnes manières, politesse et civilité constituent des notions qui ont été abordées par un grand nombre d'auteurs, dont quelques-uns sont maintenant des sommités. Pensons à Marguerite Du Coffre[15] en ce qui a trait au protocole à respecter dans les domaines de la vie courante ou des affaires. Carolle Simard[16] a également relevé nombre de signes d'impolitesse qui caractérisent souvent les êtres humains.

Les règles de conduite ont droit à une place d'honneur en marketing de soi parce qu'elles permettent à l'individu d'améliorer sa personnalité en respectant les autres. C'est pourquoi nous y consacrons le chapitre suivant.

Dans ce chapitre-ci, nous abordons plutôt l'éthique vue en tant que la morale, autre catégorie du marketing de soi.

La base de notre personnalité n'est-elle pas le système de valeurs que nous privilégions ? Nos valeurs « profondes » devraient diriger toutes nos actions. Les décisions que nous prenons dans les tournants décisifs de notre vie comme dans les plus petites banalités quotidiennes sont directement liées aux valeurs que nous prônons.

15 M. Du Coffre, *Le manuel de l'étiquette et du protocole des affaires*, Montréal, Libre Expression, 1990.

16 C. Simard, *Cette impolitesse qui nous distingue*, Montréal, Boréal, 1994.

## LES VALEURS QUI SOUS-TENDENT L'ACTION DE MANGER

| | |
|---|---|
| Je mange | 1. Pour être en relation avec quelqu'un : cette relation est alors plus importante que le repas que nous partageons.<br>2. Pour avoir une bonne santé : je choisis donc de bons aliments.<br>3. Pour survivre : je meurs si je ne mange pas.<br>4. Par soumission : c'est l'heure du repas.<br>5. Pour « m'empiffrer » : c'est trop bon, je ne peux m'arrêter même si je sais que je serai malade et que je m'en voudrai.<br>6. Pour compenser et pour combler le vide en moi. |

Notre moralité, nos valeurs, notre conscience plus ou moins développée sont garantes de nos décisions. Un être dont le système de valeurs est sain, solide et intégré prendra vraisemblablement des décisions personnelles, politiques, économiques, sociales et écologiques qui iront à la rencontre du bien commun. Il sait que la liberté de l'un s'arrête où commence celle de l'autre. En fait, un individu « éthique » sait distinguer le bien du mal et sait faire la différence entre ce qui aide et ce qui nuit, ce qui fait avancer les choses dans un but bénéfique et ce qui les fait stagner ou même reculer.

Chaque personne est capable du meilleur comme du pire ; elle est à la fois vice et vertu, grandeur et décadence. Le marketing de soi cherche à ce que chacun, par ses propres efforts de réflexion et son cheminement, tende vers un idéal et une amélioration de sa personnalité. Devenir une personne « éthique » ou renforcer son système de valeurs n'est pas une mince affaire. C'est souvent le travail d'une vie.

Expliquons plus avant le concept d'éthique et voyons en quoi il s'applique jusque dans notre quotidien.

Dans le livre *Histoire de la spéculation mondiale*, Charles P. Kindleberger rapporte que « la moralité est une des expressions de la modernité[17] ». En 1720, une entreprise pouvait payer pour les services d'un individu, mais il n'était pas question d'acheter la loyauté de l'homme. Ce n'est qu'en 1799 qu'on jugera définitivement illégale l'utilisation à des fins personnelles de sommes d'argent promises au départ à des organisations, commerces de biens ou entreprises de services. Auparavant, les transactions frauduleuses ou les détournements de fonds n'étaient même pas vus comme des crimes.

Les limites de la loi et de la morale étaient donc assez élastiques et floues. Par conséquent, dans la majorité des cas et pour la population en général, les affaires et le commerce étaient confondus avec le vol et la piraterie. Il fallait donc créer des codes de déontologie, établir des limites et baliser les chemins de l'honnêteté ; bref, séparer le bien du mal.

**Pas d'excuse**

Le Service d'éthique et d'intégrité de la firme KPMG, dans son bulletin de l'automne 1997, affirme ceci :

« Fermer les yeux sur un cas de mauvaise conduite qui débouche sur de bons résultats ne fait qu'encourager des conduites qui, dans d'autres circonstances, pourraient entraîner des dommages graves. »

17 C. P. Kindleberger, « Histoire de la spéculation mondiale », *Finance, éthique, confiance*, Paris, P.A.U., 1994, p. 341.

Malgré l'urgence, ce n'est que dans les années 1980 que les questions d'éthique sont devenues prioritaires. Toujours selon Kindleberger, notre monde dominé par le matérialisme connaît le problème que cause l'argent sur le plan de la moralité.

« Gagnez de l'argent ; gagnez-en honnêtement si vous le pouvez ; mais dans tous les cas, gagnez-en », disait Horace[18]. Et Jonathan Swift de surenchérir : « L'argent d'abord, l'argent toujours, la vertu ensuite, si elle le veut[19]. »

Exactions de toutes sortes, vols, escroqueries, fraude, corruption, détournements de fonds, appât du gain, ivresse de la fortune, avidité, spéculations, jeux de la Bourse, mises faramineuses, hauts risques financiers, ouverture des marchés internationaux, crashs boursiers monumentaux qui entraînent la faillite, le suicide, la tricherie, le désespoir et la panique, etc., ont commencé à poser de sérieux problèmes de conscience. La malhonnêteté et l'illégalité qui s'exerçaient en terrain libre, presque en toute impunité, commandaient des mesures sévères.

D'une part, des lois ont vu le jour. D'autre part, les facultés de droit et les écoles de commerce ont commencé à ajouter à leurs programmes des cours d'éthique. Ainsi, à Harvard, la Graduate School of Business and Administration a bénéficié d'un don mirobolant de 10 millions de dollars pour démarrer un enseignement et entreprendre des recherches sur le comportement éthique.

18 *Ibid.*, p. 80.

19 *Ibid.*, p. 110.

## 6.1 L'ÉTHIQUE AU TRAVAIL

Encore à l'état embryonnaire il y a quelques années, l'étude de l'éthique s'est étendue à tous les domaines. Ce nouveau concept a été abordé dans un nombre toujours plus grand de revues[20] et de livres.

Les chambres de commerce, les établissements d'enseignement, les banques, les corporations et les entreprises du secteur privé ont ce sujet à cœur. Par exemple, en 1995, la société Cantel, l'Université Laval, la Banque fédérale de développement et la chambre de commerce régionale de Sainte-Foy se sont unies pour présenter une conférence sur l'éthique au travail. Celle-ci avait pour thème : Les gens d'affaires ont-ils une conscience ?

En fait, l'ensemble des situations vécues dans le monde du travail commande une éthique particulièrement vigilante. Que ce soit pour l'embauche, la mise à pied, la formation, l'élaboration de la convention collective, les conditions de travail et combien d'autres éléments encore, le milieu du travail constitue un endroit privilégié où exercer une éthique empreinte de noblesse. Ne serait-ce que parce que le travail est un secteur très significatif dans notre vie, nous devons maintenir une éthique où respect, décence, tact et délicatesse sont de mise.

Dans le monde du travail, les éléments suivants ont une grande importance :

- La confidentialité, la non-divulgation des renseignements que l'on nous transmet, la discrétion.
- L'honnêteté, la fidélité, la loyauté, l'honneur, la probité, la droiture.
- Une certaine retenue, une réserve ; nous sommes avant tout en milieu de travail pour exécuter avec compétence les tâches qui nous sont confiées.

20 En éthique des affaires seulement, il y a près de 40 périodiques à consulter sur la question, dans les seules langues française et anglaise.

- Le savoir-vivre, puisque, au travail, nous sommes aussi en société ; montrons un maximum de politesse !
- Le respect : respect de l'employé, respect de l'employeur, respect de la propriété matérielle de l'employeur (équipement, mobilier, fournitures, etc.), respect de la propriété intellectuelle (listes de noms, banques de données, des logiciels), etc.

Évidemment, dans le milieu de travail, d'autres exigences doivent être satisfaites sous l'angle de l'éthique. Nommons-en quelques-unes encore :

- Agir avec discernement.
- Respecter la règle de la non-concurrence de la part de l'employé.
- Ne pas voler du temps à l'employeur.
- Tenir ses engagements de part et d'autre.

**Un cas de conscience**

Si je suis en désaccord total avec les agissements de mon employeur, agissements qui viennent à l'encontre de mes propres valeurs, la situation s'avère difficile. Parmi les gens que forme le Dr Blaine Lee, 10 % quittent leur emploi parce qu'ils sont en désaccord profond avec leur environnement de travail. « Quand le problème concerne leur patron immédiat, certains s'arrangent pour changer de département. D'autres encore essaient d'influencer leur milieu. Il faut y aller avec diplomatie, faire preuve d'habileté, de patience et de souplesse. Il faut aussi savoir choisir ses batailles. Certaines sont perdues d'avance, d'autres en valent la peine[21]. »

21 M. Quinty, « Qu'est-ce qu'on attend pour être heureux ? », *Affaires Plus*, novembre 1996, p. 24.

Livres, périodiques, cours, conférences, recherches et hypothèses sur la question de l'éthique prolifèrent maintenant. Chaque personne, quelle que soit la profession qu'elle exerce ou le milieu dans lequel elle évolue, doit faire face un jour ou l'autre à des problèmes de conscience à des dilemmes moraux parfois graves qui ébranlent son système de valeurs.

C'est ce que veulent nous démontrer, entre autres, les auteurs Micheline Bolduc, coordonnatrice du programme d'amélioration continue à la ville de Cap-Rouge, et Donald G. Wayland, professeur titulaire retraité de la Faculté des sciences de l'administration de l'Université Laval. Ces deux auteurs rapportent dans un article[22] une enquête effectuée auprès d'administrateurs municipaux de la Colombie-Britannique à qui l'on avait posé la question suivante: « Vous êtes-vous jamais placé, au travail, dans une situation où vous avez été obligé de prendre une décision morale, c'est-à-dire de décider de ce qui était bien et de ce qui était mal? » Les administrateurs, au nombre de 206, ont répondu oui à cette question dans une proportion de 93,2 %.

Nous nous posons tous, un jour ou l'autre, des questionnements moraux. Au moment de prendre une décision qui implique un cas de conscience, les gens demeurent-ils honnêtes?

Sylvie Halpern, journaliste pour *Sélection du Reader's Digest,* s'est posé cette question. En mars 1997, elle rapportait les résultats d'une enquête sur le terrain qui n'avait rien de scientifique mais qui donnait le pouls « de l'importance qu'attachent les Québécois à la valeur de l'argent, du bien d'autrui et de l'intégrité[23] ». Sur 60 portefeuilles « égarés » par son équipe, 41 ont été rendus avec les 50 $ qu'ils conte-

22 M. Bolduc et D. G. Wayland, « Comment intégrer l'éthique dans la culture de votre entreprise? », *Revue Organisation, vol. 3, n^o^ 2,* 1994, p. 57-58.

23 S. Halpern, *Sélection du Reader's Digest,* Westmount, Périodiques Reader's Digest, mars 1997, p. 26.

naient. La même enquête conduite à l'extérieur du Québec, puis dans différentes villes des États-Unis et d'Europe, donne des résultats comparables.

Ainsi, les gens en général, devant une situation très réelle, semblent rester honnêtes; plutôt que de garder un portefeuille ne leur appartenant pas, ils l'ont gentiment restitué. On peut se demander, malgré tout, quel aurait été le résultat si le portefeuille avait contenu 1 000$ plutôt que 50$. En tout cas, cette expérience a révélé des données assez étranges: un chômeur et un accidenté du travail, malgré leur manque avoué d'argent, ont rapporté l'objet en question, tandis que des gens visiblement bien nantis ont empoché l'argent; des adolescents ou des quinquagénaires pouvaient décider de le garder ou de le remettre; les personnes seules, en bande ou en couple prenaient aussi une décision ou l'autre. Il semble donc difficile d'établir, dans ce cas-ci du moins, si l'intégrité des gens varie selon l'appartenance à une classe sociale, la situation financière, l'âge, le genre ou les circonstances de la découverte du portefeuille (seul ou en groupe).

Si Sylvie Halpern cherche à connaître le degré d'honnêteté d'une population, d'autres auteures font plutôt l'apologie... du mensonge! À partir du journal intime de 147 participants (étudiants à l'Université de Virginie ou habitants de Charlottesville), Bella DePaulo, psychologue à l'Université de Virginie, et Deborah Kashy, professeure de psychologie à l'Université A&M du Texas[24], ont classé les mensonges en deux catégories:

- Les mensonges égocentriques, qui permettent au menteur de se mettre en valeur pour obtenir un avantage ou éviter une situation embarrassante;
- Les mensonges altruistes, qui permettent au menteur de mettre son interlocuteur à l'aise.

24 Rapporté dans le *Journal de Québec*, 15 juin 1996, p. 22.

En classifiant ainsi les mensonges, les deux chercheuses ont voulu faire ressortir que, parfois, ceux-ci servent à éviter de blesser les autres, à se sentir plus à l'aise, à se faire apprécier et à renforcer la confiance en soi.

## 6.2 LA MÉDECINE DENTAIRE, LA PSYCHOLOGIE ET LE MONDE DES AFFAIRES VUS SOUS L'ANGLE DE L'ÉTHIQUE

Aucun champ n'échappe à l'étude de l'éthique et de la morale et toutes les professions sont touchées. Dans cet ouvrage, nous avons tiré nos exemples de trois domaines : la médecine dentaire, la psychologie et le monde des affaires.

### 6.2.1 La médecine dentaire

Dans les 10 provinces canadiennes, l'examen d'entrée pour aspirer à la profession de dentiste comporte une batterie de questions « dérangeantes » qui mettent à l'épreuve (et sur les dents !) les candidats qui veulent être admis dans l'une des facultés de médecine dentaire. Situations ambiguës et questions épineuses sont à l'ordre du jour, histoire de vérifier le degré de moralité des postulants. De nos jours ne devient pas dentiste qui veut ! Veut-on enfin reléguer aux oubliettes l'adage populaire « Mentir comme un arracheur de dents » ? !

Malgré toutes ces précautions, en matière d'éthique, la médecine dentaire n'est pas nécessairement un modèle. En effet, selon certaines études, le mercure servant au plombage serait très néfaste pour la santé ; d'ailleurs, plusieurs pays le prohiberaient. Or, on s'en sert encore, sans même respecter la norme qui veut que les enfants aient au plus deux plombages au mercure.

### 6.2.2 La psychologie

De nombreux psychologues et chercheurs se penchent sur les codes moraux qui régissent les individus et les sociétés. Les principes de base de l'éducation, la moralité, les choix personnels, la violation ou la trahison des codes d'honneur que s'établissent les jeunes ou qui relient des groupuscules sont autant de sujets parmi une infinité d'autres qui concernent le vaste champ de l'éthique, bénéficiant de l'attention de ces chercheurs.

Sans cesse placés devant des dilemmes qui semblent au premier abord insolubles, les psychologues, dans un contexte où les préceptes du bien et du mal sont de plus en plus difficiles à distinguer, prennent — peut-être plus souvent que d'autres dans leur pratique quotidienne — des décisions éthiques basées sur leur propre système de valeurs. Mais si ces valeurs sont floues, ou trop rigides, ou trop laxistes, que se passe-t-il ?

Dans cette perspective, il devenait intéressant d'analyser la « pensée morale » du psychologue placé devant des situations hypothétiques où il devait trancher entre différents choix. Cette profession a donc fait l'objet d'une étude qui a été présentée au cours d'un colloque sur la violence dans les relations affectives. Des intervenants qui pratiquaient auprès d'une clientèle touchée par la violence conjugale ont été interrogés sur leurs valeurs et leurs croyances. Sans entrer ici dans les détails, qu'il suffise de dire que leur comportement éthique a été examiné sous plusieurs aspects.

Voici d'ailleurs des énoncés auxquels ont dû réfléchir les sondés.

**Énoncé 1**

Il est correct qu'un intervenant influence ses clients pour qu'ils adoptent des valeurs plus saines par rapport au problème de la violence.

**Énoncé 2**

Dans son travail avec le client, l'intervenant doit dénoncer activement et systématiquement toute forme de violence.

**Énoncé 3**

L'intervenant doit respecter le code de déontologie de sa profession en tout temps.

**Énoncé 4**

L'intervenant doit prendre action pour protéger une personne visée par un client dangereux, même si, dans ce cas, il ne respecte plus son devoir de confidentialité envers son client.

**Énoncé 5**

L'intervenant doit d'abord être loyal envers :

a) le client qui le consulte

b) l'organisme qui a dirigé le client vers lui

c) la victime du client qui le consulte

J. Lindsay, G. Rondeau et G. Beaudoin, « Les valeurs et les croyances priorisées par les intervenants auprès des conjoints violents à partir de leurs préoccupations éthiques », dans *Violences dans les relations affectives : représentations et interventions*, Actes du colloque tenu à Chicoutimi le 23 mai 1995 dans le cadre du 63^e^ Congrès de l'ACFAS, 1996, p. 107-132.

### 6.2.3 Le monde des affaires

Ah ! ces gens d'affaires ! Au cours de nos 20 années d'expérience dans ce milieu tumultueux, il nous a été donné de tout voir, de tout entendre, de tout lire sur ces hommes et ces femmes ! Pour leurs « bons coups » comme pour leurs « mauvais coups », pour leur réussite phénoménale ou pour leurs faillites fracassantes, les gens d'affaires sont souvent montrés du doigt.

Alors qu'on les porte parfois aux nues, comme si l'on s'attendait à ce qu'ils agissent en demi-dieu, la plupart du temps, on prend presque plaisir à les dénigrer. Même Balzac se met de la partie ! En 1892, il écrivait : « Les plus vertueux négociants vous disent de l'air le plus candide, ce mot de l'improbité la plus effrénée : on se tire d'une mauvaise affaire comme on peut[25]. »

Aux yeux de beaucoup, les gens d'affaires formeraient donc une « population à risque » quant à la capacité d'affronter des dilemmes éthiques journaliers tout en gardant la tête froide. Leur intégrité personnelle et leur probité seraient souvent mises en jeu. Cette opinion largement répandue a même incité deux auteures à s'interroger sur le quotient de cynisme que le public entretient envers le sens éthique des gens d'affaires.

Êtes-vous particulièrement cynique envers les pratiques éthiques des hommes et des femmes qui évoluent dans le milieu des affaires ? Le propre de l'éthique étant de provoquer des interrogations ardues, voici une bonne façon de vous remettre en question. Seriez-vous capable de justifier chacune des réponses que vous allez donner ci-dessous ?

25 Cité dans C. P. Kindleberger, *op. cit.*, p. 117.

# Quel est votre quotient de cynisme ?

| | Désaccord total | | | | Accord total |
|---|---|---|---|---|---|
| **Énoncé 1**<br>En affaires, tout ce qui compte, c'est le gain financier. | 1 | 2 | 3 | 4 | 5 |
| **Énoncé 2**<br>Les normes éthiques doivent faire l'objet de compromis dans la pratique des affaires. | 1 | 2 | 3 | 4 | 5 |
| **Énoncé 3**<br>Plus une personne réussit bien en affaires, moins son comportement est éthique. | 1 | 2 | 3 | 4 | 5 |
| **Énoncé 4**<br>Les valeurs morales ne sont pas pertinentes en affaires. | 1 | 2 | 3 | 4 | 5 |
| **Énoncé 5**<br>Le monde des affaires possède ses propres règles du jeu. | 1 | 2 | 3 | 4 | 5 |
| **Énoncé 6**<br>Les gens d'affaires se préoccupent uniquement de réaliser des profits. | 1 | 2 | 3 | 4 | 5 |
| **Énoncé 7**<br>Les affaires sont comme un jeu ; on joue pour gagner. | 1 | 2 | 3 | 4 | 5 |

| | Désaccord total | | | | Accord total |
|---|---|---|---|---|---|
| **Énoncé 8**<br>En affaires, les gens vont faire n'importe quoi en vue de promouvoir leurs intérêts personnels. | 1 | 2 | 3 | 4 | 5 |
| **Énoncé 9**<br>La concurrence contraint les cadres à recourir à des pratiques douteuses. | 1 | 2 | 3 | 4 | 5 |
| **Énoncé 10**<br>La recherche du profit « à tout prix » oblige les cadres à diminuer l'importance qu'ils accordent à leurs préoccupations éthiques. | 1 | 2 | 3 | 4 | 5 |

Pointage maximal : 50 points. Additionnez vos points :__________points
Jugez du degré de votre cynisme par rapport au pointage maximal de 50 points.

Adapté de L. K. Trevino et K. A. Nelson, ***Managing Business Ethics : Straight Talk about how to Do it Right***, John Wiley & Sons, Toronto, 1995, p. 20-21.

---

### *Spiritualiser l'entreprise*

En affaires, les tentations sont fortes ; il n'est pas toujours facile d'utiliser à bon escient son pouvoir de choisir, surtout si son entreprise se trouve en mauvaise posture financière. Le proverbe « Ventre affamé n'a point d'oreilles » prend ici toute sa signification.

Selon ce qui est généralement convenu, on est en affaires pour faire de l'argent (ou du moins pour gagner sa vie), réussir, mériter la reconnaissance de ses pairs et utiliser son pouvoir. Mais, au fond de soi, ce qui importe vraiment, c'est de se réaliser et d'éprouver un sentiment de bonheur en pratiquant son métier.

En affaires, l'ambition est chose courante. Mais il ne faut pas perdre de vue que, parfois, plus on acquiert de biens matériels, moins on est heureux, car on s'attache à ces choses et on perd souvent l'essentiel. On aspire à un bonheur permanent, mais le matériel, lui, est éphémère. Le bonheur, l'a-t-on assez entendu, ne se trouve pas dans l'avoir. On peut très bien être à l'aise financièrement, sans rester attaché aux objets qui symbolisent cette aisance.

Comment spiritualiser son entreprise ? En se ménageant tous les jours un court moment pour méditer. Ainsi, la conscience augmente, ce qui aide à prendre des décisions empreintes de bien.

Équilibrer le développement de la conscience et les affaires est possible : l'un peut aider l'autre et vice versa. Être en affaires devrait impliquer la notion de service. Si nous avons comme priorité de rendre service plutôt que de faire de l'argent, l'argent viendra incontestablement ; il sera le résultat des bons services rendus. Notre énergie restera positive et l'on connaîtra la satisfaction intérieure et une haute estime de soi.

Selon les écrits juridiques, si elle est incorporée, l'entreprise est considérée comme une « personne morale » à qui les propriétaires doivent rendre des comptes. Spiritualiser son entreprise, c'est être conscient que cette « personne morale » peut faire le bien autour d'elle de façon tangible. Après tout, les affaires font partie de la vie, et la vie implique l'action, l'entraide, l'avancement et le développement des personnes.

**Faire son examen de conscience avant de passer à l'action**

Selon Bolduc et Wayland, l'éthique « est d'abord et avant tout un questionnement ; il faut donc amener les gens à s'interroger sur la portée de leurs actions, les amener à examiner les dilemmes sous différents angles[26] ».

- Quel est mon but en prenant cette décision ?
- Suis-je déloyal envers moi ou envers quelqu'un d'autre en prenant cette décision ?
- Ma décision ou mon action peut-elle faire du mal à quelqu'un ?
- Avant de me décider, ai-je bien pesé le pour et le contre ?
- Avant de passer à l'action, ai-je bien réfléchi aux conséquences de cette action ?
- Ai-je discuté de ma décision autour de moi ? Ai-je pu demander de l'aide ou des conseils à des personnes compétentes ?
- Dois-je retarder mon action ou l'effectuer tout de suite ?
- Si cette action devenait publique (au su de mon patron, de ma famille, de mes amis, de la société), aurais-je honte ?

Si l'examen de conscience est fait rigoureusement, rien n'excuse une mauvaise action qui fait du tort à autrui. Les rationalisations classiques comme « Je n'étais pas au courant que c'était mal » ou « Ce n'est pas de ma faute » n'ont plus leur raison d'être. On ne peut pas toujours se tirer impunément d'une mauvaise action, et on ne peut pas toujours plaider l'ignorance.

La mise sur pied d'un programme d'éthique, dans une organisation par exemple, aide justement à éliminer les excuses et à faire prendre conscience qu'une personne possède son libre arbitre pour juger d'une

26 M. Bolduc et D. G. Wayland, *op. cit.*, p. 59.

situation et décider. Elle est responsable des répercussions de sa décision.

**Prêcher par l'exemple**

Le Service d'éthique et d'intégrité de la firme KPMG, dans son bulletin de l'automne 1997, apporte cet éclairage au phénomène de l'éthique en milieu de travail:

« Le principal facteur de réussite d'un programme d'éthique, c'est l'implication de la haute direction. Celle-ci doit, en prêchant par l'exemple, faire voir que son organisation est un milieu où la loi est respectée, où l'on dit la vérité, où l'on tient ses promesses, où les décisions difficiles sont prises avec courage et dans un esprit de justice, où l'intégrité est considérée comme la clé du succès. »

Il faut être conscient de notre comportement éthique (ou non!) vis-à-vis des situations qui demandent un grand sens moral, et non parvenir à un degré de « tolérance zéro » devant la moindre incartade de l'être humain. L'éthique est un moyen d'inciter les gens à s'interroger sur les répercussions de leurs décisions et à examiner sous tous les angles les questions litigieuses. Elle sert à réveiller les consciences endormies; elle est l'application de notre moralité et de notre conscience. Nous savons que maintenir des normes élevées de conduite morale demande du courage et de la persévérance, mais le but ultime de l'être humain n'est-il pas de devenir meilleur?

CHAPITRE 7

# Les réunions, les rencontres sociales et la bienséance

*La probité et la justice font la sûreté de la société, la bonté et la bienveillance en font l'utilité, la douceur et la politesse en font l'agrément.*

G. E. Lessing

1. Je me demande si cette réunion sera longue et ennuyeuse ; vais-je y perdre mon temps ?

2. Moi, j'arrive aux réunions à l'heure, mais la moitié de mes collègues sont toujours en retard !

3. Quand doit-on commencer à parler du sujet de la rencontre au restaurant ?

4. Pour que mes invités soient le plus à l'aise possible au dîner, où devrais-je les placer ?

5. C'est ma fête aujourd'hui, on va me porter un toast ; comment devrais-je me comporter ?

S'il y a un endroit où le marketing de soi est remarqué et important, c'est bien au cours des réunions. Les réunions font partie intégrante de la vie, que ce soit entre amis, en famille ou au sein d'une entreprise. Elles peuvent être amicales et sans cérémonies ou demander plus de préparation. À l'occasion des réunions officielles, il est bon de savoir jouer différents rôles.

## 7.1 LA PREMIÈRE IMPRESSION

Bien se présenter au début d'une réunion, d'une rencontre ou au téléphone est un élément primordial pour établir le contact avec les autres. Une mauvaise présentation ne se répare que très difficilement.

**Pauvre Frédéric...**

Frédéric est très nerveux. Des clients de l'entreprise informatique pour laquelle il travaille souhaitent connaître les cadres de la compagnie. Chacun doit se présenter à tour de rôle. Étant donné son anxiété, Frédéric n'écoute pas ses pairs. Il se demande plutôt ce qu'il va dire, son cœur bat vite, il a peur que l'on se moque de lui. Vient son tour. Sa chaise racle le sol au moment même où il se nomme; comme il n'a d'yeux que pour le plancher, ses paroles ne portent pas. À ce moment, Frédéric donne vraiment l'impression de n'être ni fier de lui ni fier de l'entreprise qui l'emploie. Feriez-vous des affaires avec lui?

Le stress qu'éprouve Frédéric peut diminuer son acuité auditive et ses habiletés verbales et, ainsi, compromettre la qualité de sa prestation. Bien sûr, se présenter dans de nouvelles situations sociales peut se révéler stressant... mais n'a pas à l'être nécessairement! Comme « on n'a jamais une deuxième chance de faire une première bonne impression », celle-ci est des plus importante. Votre auditoire vous verra comme une personne sûre d'elle si vous-même êtes détendu et avez confiance en vous.

Avant chaque réunion, préparez-vous. Dans le feu de l'action, respirez profondément, souriez, établissez un contact visuel, faites savoir que vous appréciez votre travail. Laissez les gens vous voir, vous entendre et vous connaître. Vous avez beaucoup à offrir... tout comme Frédéric. Si vous en êtes persuadé, les autres le seront aussi.

**Apprenez avec les Toastmasters**

Le club Toastmasters, présent dans presque chaque grande ville du monde, peut vous aider à faire bonne impression dans vos réunions. Ce regroupement a pour objectif premier d'apprendre à ses membres à mieux communiquer en public. Comme chaque participant joue un rôle différent chaque semaine, chacun peut exercer son leadership en devenant maître de cérémonie ou critique d'un discours qui sera prononcé par un autre membre. Quelqu'un d'autre s'offre pour limiter le temps des interventions, un autre devient le grammairien du jour et les autres membres sont appelés à faire des improvisations d'environ deux minutes à la demande du chef des improvisations nommé ainsi pour la circonstance. Les réunions des clubs Toastmasters sont un bon moyen pour apprendre à s'exprimer.

Certaines règles s'appliquent également en ce qui concerne la manière de se présenter au téléphone.

- Avant de composer le numéro, réfléchissez à ce que vous allez dire et aux questions que vous allez poser. Faites-vous un schéma.
- Ayez un crayon et du papier.
- Faites-vous complice de la réceptionniste : « Quel est le nom du président des ressources humaines ? », « Pouvez-vous m'indiquer le meilleur moment pour joindre Mme Savard ? »
- Quand vous avez votre correspondant au bout du fil :

1. *Présentez-vous.*

   Bonjour ! Je me nomme Caroline Tremblay, de l'entreprise Nuance enr.

2. *Créez un lien.*

   Je connais votre fils Antoine qui m'a dit que vous étiez peintre.

3. *Indiquez un avantage que l'entreprise que vous représentez peut offrir.*

   J'aurais quelque chose à vous proposer pour parfaire vos connaissances dans le domaine de la couleur.

4. *Posez une question ouverte.*

   Qu'en pensez-vous ?

5. *Écoutez la réponse.*

   Ah ! On vous a déjà appelé à ce sujet.

6. *Engagez la conversation.*

   Qu'en est-il résulté ?

7. *Faites ressortir l'avantage de votre produit ou de votre service le plus susceptible d'intéresser votre interlocuteur.*

   Nous avons la qualité que vous recherchez. Le prix d'excellence que nous avons obtenu cette année le prouve.

8. *Obtenez un rendez-vous.*

**À RETENIR**

***Au bureau, les appels personnels doivent être faits seulement au moment des pauses ou s'ils ne peuvent attendre. L'abus peut créer des situations fort désagréables. Imaginez une de vos collègues qui reçoit ou fait continuellement des appels personnels. À l'égard de cette personne, comment vous sentiriez-vous en tant qu'employeur, collègue ou employé ?***

***Les frontières entre la vie personnelle et la vie professionnelle doivent être bien définies.***

## 7.2 LA MARCHE À SUIVRE POUR LE BON DÉROULEMENT D'UNE RÉUNION

Pour toute réunion importante que vous organisez, au bureau ou ailleurs, rappelez-vous les points suivants :

1. *Établissez l'objectif principal de la réunion et les buts recherchés.*
   L'objectif principal tient souvent en quelques mots ou en une phrase. Plusieurs raisons peuvent obliger un groupe à se réunir, mais il y en a sûrement une qui s'avère prioritaire. Inscrivez le pourquoi de la réunion ainsi que les buts à atteindre. Au moment de conclure une réunion, il est important qu'une ou des décisions soient prises en vue d'approcher le plus possible les buts que l'on s'était fixés au départ.

2. *Planifiez les ressources humaines nécessaires.*
   Prendre soin de bien choisir les gens que l'on invite est important ; chaque personne devrait savoir ce que l'on attend d'elle et ne jamais se sentir inutile.

   Rappelez-vous les différents types de personnalité et les forces de chacun. Le communicatif aime décider. Il fait preuve d'humour pour détendre l'atmosphère si le besoin s'en fait sentir. Fréquemment, il fait des propositions que s'empresse d'appuyer le compréhensif. Ce dernier s'efforce de faire régner un climat harmonieux et est soucieux que chaque parole soit bien interprétée. L'actif est toujours prêt à passer à l'action. Il cherche à imposer une discipline intellectuelle, aide à garder le cap sur l'objectif principal et respecte le temps alloué à chaque sujet établi à l'ordre du jour. Quant au réflexif, personnage essentiel pour penser à toutes les étapes, il allègue que s'il faut décider, appuyer et passer à l'action, il faut aussi connaître le processus à adopter, la méthodologie à appliquer et la marche à suivre.

   Ces quatre types de personnes sont importants pour la bonne tenue d'une réunion, encore faut-il qu'elles le sachent. C'est au leader de la réunion de leur dire pourquoi leur participation est souhaitée.

3. *Établissez une distinction entre les points généraux qui doivent être discutés en réunion et ceux qui doivent faire l'objet d'une entente entre un nombre limité de personnes.*
   On ne doit jamais passer des messages personnels visant quelqu'un en particulier dans un groupe. Si l'on a quelque chose à dire à un collègue de travail que l'on n'a pas vu depuis longtemps, on ne l'aborde pas au moment de la réunion.

4. *Choisissez l'endroit et l'équipement.*
   Comme on le sait, des pièces trop petites ou trop grandes nuisent au confort ou à l'intimité. Il faut savoir trouver un local aux couleurs plutôt chaudes qui dégagent une ambiance agréable, s'assurer que les tableaux et les crayons sont à portée de la main et que l'éclairage est approprié.

   Attention aux présentations visuelles, qu'elles soient faites par vidéo, par ordinateur ou à l'aide de transparents. Les utilisateurs doivent bien maîtriser ces outils pour éviter le stress et les frustrations découlant d'un pépin technique... Ceux qui utilisent un pointeur au laser doivent être conscients qu'un léger tremblement de la main indispose les spectateurs qui voient bouger sans cesse le point lumineux sur le plan de présentation.

5. *Évaluez le coût de la réunion.*
   Si une dizaine de personnes se réunissent et que leur temps est estimé à quelque 50 $ l'heure, une rencontre de 5 heures équivaut à 2 500 $, sans compter les coûts de la salle, du café, des outils de travail, etc. Il vaut donc mieux se préparer adéquatement.

6. *Fixez l'heure de la réunion à 9 h 17 ou 7 h 19, par exemple.*
   Étonnamment, ces chiffres insolites prédisposent à la ponctualité ! Si vous commencez au moment prévu, vous respecterez ceux qui sont arrivés à temps, au lieu de respecter les retardataires.

7. *Dressez l'ordre du jour de façon efficace.*
   Il est préférable de commencer par les points qui nécessitent une action, soit les sujets les plus importants qui impliquent des décisions à prendre. Ceux-ci seront suivis de sujets qui doivent faire l'objet d'une discussion et enfin des points relatifs à l'information à transmettre. Attention à la rubrique « Questions diverses » : ce fourre-tout entraîne invariablement des débordements.

8. *Expédiez aux participants le projet d'ordre du jour et demandez-leur d'ajouter des points précis s'il y a lieu.*
   Si un participant vous demande d'ajouter un point, prévoyez le temps qui y sera consacré. Vous pouvez également décider d'inclure ce sujet à une prochaine réunion. Au moins une semaine à l'avance, expédiez l'avis de convocation et l'ordre du jour revisé.

9. *Soyez ponctuel.*
   Prenez soin d'arriver de 5 à 10 minutes avant le début de la rencontre afin de choisir votre place et d'être fin prêt. Vous devez avoir les documents nécessaires bien placés devant vous. Votre préparation à une réunion est essentielle. Si le budget est à l'ordre du jour par exemple, vous devriez en avoir expédié une copie à chacun au moins une semaine à l'avance, de façon à ce que tous puissent être en mesure de discuter de son adoption ou de certains changements.

10. *Si vous animez la réunion, assurez-vous d'avoir un secrétaire.*
    Dans certaines réunions informelles, vous pouvez convenir que chaque participant est responsable d'inscrire le sommaire des mesures et des décisions prises. L'ordre du jour peut être suffisamment aéré pour permettre aux participants d'y consigner leurs notes personnelles et leurs responsabilités par rapport à chaque point. Les réunions formelles d'un conseil d'administration exigent la rédaction, par le secrétaire nommé, d'un procès-verbal en bonne et due forme.

11. *Traitez dans l'ordre tous les points et respectez l'horaire prévu.*

    Pour ce faire, vous devrez sans doute donner et retirer le droit de parole. Pensez aussi à suggérer une pause pour que chacun reste attentif et efficace. Par ailleurs, si les participants ont planifié d'autres activités après la réunion, ils vous seront reconnaissants de clore la réunion à temps; leur assiduité sera perpétuelle.

12. *Si nécessaire, limitez les interventions à une ou deux par personne sur tel ou tel sujet de sorte que chacun puisse s'exprimer.*

    Ainsi, ceux qui parlent plus souvent qu'à leur tour inscriront leurs idées pour ne pas les perdre et ne voudront pas consommer leur droit de parole trop vite. Quant aux habituels silencieux, ils se sentiront plus à l'aise et, par effet d'entraînement, deviendront plus affirmatifs. En tant que participant, vous pouvez apporter au groupe une richesse unique par vos façons de voir, de ressentir ou d'évaluer; c'est votre responsabilité de communiquer ces impressions. Si vous participez à une rencontre à laquelle ont été invitées une dizaine de personnes, vous êtes responsable d'un dixième de la bonne marche de cette réunion!

    La proposition d'un participant doit être appuyée pour être discutée, sinon elle est rejetée. Lorsque le temps prévu pour la discussion est épuisé, le responsable de la réunion doit consulter les participants avant de poursuivre la rencontre. Il est parfois souhaitable de déplacer un sujet de moindre importance à une prochaine réunion si les gens ne sont pas prêts à voter. Souvent, pour régler un sujet d'ordre capital, il vaut mieux obtenir un peu plus de temps pour en discuter que de voter trop rapidement en demandant au président d'utiliser son vote prépondérant.

**Une anecdote de Sylvie**

L'Office des professions du Québec m'avait nommée administratrice-représentante du public au bureau de direction d'un ordre professionnel. Au cours d'une de mes toutes premières réunions, un participant parla en faveur de la « personnalisation » d'une prime d'assurance professionnelle obligatoire. Il précisa son idée point par point et, à mesure que je l'écoutais, je trouvais son argumentation raisonnable et m'apprêtais à donner un commentaire favorable à sa proposition.

Un autre participant prit alors la parole. Il présenta un point de vue complètement différent, que je trouvai également logique, profitant maintenant d'une vision plus élargie de la problématique. J'étais bien contente d'avoir attendu la seconde version avant de me prononcer.

Le président me demanda ce que j'en pensais. Je lui fis part de mon souhait : que les deux principaux porteurs de ce dossier forment un comité *ad hoc* (c'est-à-dire un comité qui sera dissous une fois son objectif atteint) dans le but de présenter une proposition conjointe aux autres membres après la pause du midi.

Le quorum étant respecté, les autres membres du groupe pouvaient continuer de discuter sur des sujets moins houleux. Cette façon de fonctionner a permis de régler tous les points à l'ordre du jour et de terminer la réunion à l'heure prévue.

13. *En tant que participant, attendez votre tour et évitez d'interrompre ou de tenir des propos hors contexte ou irrecevables.*

Les plaisanteries de toutes sortes ou les remarques déplaisantes sont à éviter ; une image positive de vos capacités de communicateur sera appréciée. Faites preuve de calme ; c'est un signe de confiance en soi que remarquera votre entourage. Il faut privilégier la maîtrise de soi et non le pouvoir sur les autres et sur les situations.

14. *Faites une évaluation à la fin de la réunion.*

La salle était-elle appropriée ? L'heure convenait-elle à la majorité ? Faites aussi votre examen de conscience personnel. Il y a toujours une place pour l'amélioration et le dépassement de soi.

## 7.3 LES RENCONTRES SOCIALES : L'IMPORTANCE DE RENDRE TOUT LE MONDE À L'AISE

Plusieurs questions se présentent à l'esprit quand il s'agit de bienséance au cours de sorties, de galas, de congrès, de repas au restaurant, etc. Dans ces sorties officielles ou protocolaires, il est rare de rencontrer des diplômés de l'École du protocole international ! Par contre, sans quelques connaissances sur le sujet, un certain malaise peut s'installer. Cette section soulève les questions les plus préoccupantes et fournit des réponses.

### 7.3.1 Comment choisir un restaurant ?

Vous invitez quelqu'un à déjeuner ou à dîner ? Planifiez cette rencontre dans les moindres détails ! Le choix de l'endroit appartient à la personne qui invite. Proposez deux choix. Afin d'éviter les désagréments, cherchez à connaître les préférences alimentaires de votre invité. Si c'est impossible, un restaurant au menu varié plutôt qu'un restaurant spécialisé peut être préférable. Soyez courtois envers votre invité ; pensez à la proximité des lieux pour lui. Tenez compte aussi de sa personnalité. S'il s'agit d'une personne réservée, choisissez un restaurant modeste, mais assurez-vous que l'endroit et le service sont impeccables, que l'ambiance est chaleureuse et non bruyante et que la nourriture est de première classe. Adoptez deux ou trois endroits que vous fréquenterez régulièrement et entretenez une bonne relation avec le personnel de l'établissement.

• Quand doit-on confirmer le rendez-vous ?

Une journée à l'avance, confirmez vous-même l'heure et l'endroit avec votre invité et assurez-vous d'arriver avant l'heure.

• Où s'assoit l'invité ?

Choisissez une table située dans un endroit un peu à l'écart, ni près de la porte de la cuisine ni près de la caisse. Offrez à votre invité la meilleure place, celle où la vision des lieux est la moins obstruée. Présentez-lui aussi la banquette, considérée souvent comme une place de choix en comparaison de la chaise. Laissez-le s'asseoir avant vous.

Si votre couple invite un autre couple, souvenez-vous que la meilleure place est à droite sur la banquette (lorsqu'on lui tourne le dos) ou sur la chaise offrant une vision privilégiée des lieux. On place à cet endroit la femme invitée et, en face d'elle, son compagnon. En effet, les gens sont plus à l'aise lorsqu'ils font face, tout au long d'un repas, à un regard familier.

Dans de grands restaurants, le personnel commence à servir le convive installé à la meilleure place, supposant que c'est la personne à qui l'on veut donner le plus d'attention. Si c'est l'hôte qui s'y trouve, cela pourrait être remarqué et mal jugé.

**LA MEILLEURE PLACE**

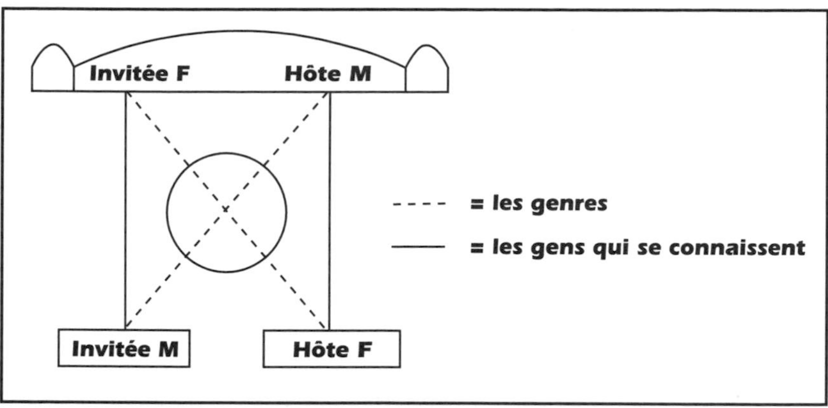


• À propos de l'apéro et du toast

Pouvons-nous commander un Dry Martini, un cocktail ou une bière comme apéritif? En théorie, seuls les apéritifs qui n'affectent pas les papilles gustatives sont de mise avant un repas. Donc, un Dubonnet, un Cinzano, un vin blanc ou d'autres boissons similaires sont préférables. Si votre invité désire malgré tout une bière, vous pouvez bien sûr en faire autant, l'important étant de ne jamais lui manifester une quelconque désapprobation. L'étiquette la plus élémentaire vous commande de ne pas servir de leçon à vos invités.

Si vous ne désirez pas d'alcool, vous pouvez simplement commander une eau minérale ou dire à votre invité: « Je ne prends pas d'alcool le midi, mais si vous désirez un verre, sentez-vous bien à l'aise. »

Par ailleurs, il est de bon ton que la personne à qui un toast est destiné reste assise, lève son verre et remercie d'un signe ceux qui ont porté ce toast. Par la suite seulement, elle prendra une gorgée. Il n'est pas de mise de se précipiter pour boire à sa propre santé lorsqu'un toast nous est dédié.

L'ancienne coutume qui voulait qu'on porte un toast en entrechoquant les verres est passée. Maintenant, on les lève et on se regarde en souriant.

Notez qu'un long silence embarrassant peut vous inciter à proposer un toast.

• À quel moment doit-on commencer à parler d'affaires ?

Certaines personnes très volubiles lorsqu'elles parlent d'affaires deviennent presque muettes au moment des rencontres sociales. Dans certains cas, l'hôte devra alimenter la conversation. Il est donc important de pouvoir discuter d'actualité ou de poser des questions d'ordre personnel à votre invité, s'il s'agit d'un communicatif ou d'un compréhensif. Ces personnes s'ouvrent facilement. De toute évidence, évitez les sujets trop hasardeux, comme la religion ou la politique. La conversation d'affaires peut commencer tout de suite après le plat principal ou au moment du dessert. En présence d'un individu de type actif ou réflexif, vous aurez avantage à entrer tôt dans le vif du sujet. Pour ces personnes, les relations humaines sont reléguées au second plan. Si votre invité retarde à entamer la conversation, commencez à parler affaires immédiatement après le plat principal.

• Comment régler l'addition ?

Au moment où vous réservez une table au restaurant, mentionnez que vous aurez un invité et que vous désirez régler l'addition de façon discrète. Avant l'arrivée de votre invité, si vous avez confiance en l'établissement, vous pouvez laisser au personnel votre numéro de carte de crédit. Sinon, après le dessert, excusez-vous auprès de votre vis-à-vis et allez discrètement régler l'addition.

Cette façon de faire évite les hésitations de dernière minute. Ce malaise existe encore aujourd'hui, surtout lorsqu'une femme d'affaires invite un homme au restaurant. Comme, dans certains cas, les hommes ne font pas la distinction entre l'étiquette des affaires et l'étiquette sociale, ils n'écoutent que leur galanterie et se croient obligés de payer l'addition de la dame, même si c'est elle qui invite. Quand une femme invite un homme au restaurant, il est normal que celui-ci la laisse s'occuper des détails.

### 7.3.2 Les pourboires

Bon nombre de travailleurs s'attendent à recevoir un pourboire en retour d'un service rendu, pour lequel ils touchent déjà un salaire qui, bien souvent, tient compte de la possibilité de recevoir une gratification.

Voici quelques suggestions permettant de savoir quel pourboire verser, à qui et dans quelles circonstances.

- Le chauffeur de taxi

  Un dollar pour chaque personne assise dans la voiture si le chauffeur ouvre les portières.

- Le chasseur

  Un dollar par valise qu'il transporte.

- Le valet de stationnement

  Un dollar pour chaque personne assise dans la voiture, à payer au moment de reprendre le véhicule.

- Le coiffeur

  Pas de pourboire si le travail est effectué par le propriétaire. S'il s'agit d'un employé, il faut verser 1 $ à la personne qui lave les cheveux et 2 $ au coiffeur. Si une même personne fait tout le travail, elle mérite les 3 $.

- L'esthéticienne

  Même règle qu'au salon de coiffure, c'est-à-dire pas de pourboire si les services sont assurés par la propriétaire. Dans les autres cas, un pourboire de 2 $ est de mise.

- Le livreur de nourriture

  Dix pour cent du total de la commande, avant les taxes.

- Le livreur de fleurs

  Pas de pourboire.

- La femme de chambre

  Il n'y a aucune obligation dans ce cas. Toutefois, lorsque vous occupez la même chambre pendant une semaine ou deux, une marque d'appréciation de 5 $ par jour est suggérée. Le fait de laisser ce pourboire chaque jour pourrait vous assurer d'une chambre impeccable beaucoup plus tôt dans la journée.

- Le préposé au vestiaire

  Aucun pourboire si le vestiaire est payant ou 1 $ de pourboire par manteau si le vestiaire est gratuit.

- Le pompiste

  Un dollar si le service est complet ; dans le cas contraire, pas de pourboire.

- Le préposé au service à l'auto à l'épicerie

  Pas de pourboire.

- Le serveur au restaurant

  On considère que 15 % du montant du repas (le montant équivalant aux taxes) est très acceptable. Pour ce qui est des boissons, 10 % est suffisant.

Ces montants peuvent vous guider, mais vous demeurez le maître de ce qui convient à chaque situation. Il vous appartient de souligner un service exceptionnel par un pourboire plus généreux ou des paroles reconnaissantes. L'inverse est aussi vrai : un service qui laisse à désirer ne mérite ni compliments ni pourboire.

## 7.4 L'ABC DE LA BIENSÉANCE

À quoi servent les règles générales de bienséance ? Leur but premier est de rendre les gens à l'aise. Cet ouvrage ne fait pas le tour de la question. Toutefois, il est important d'aborder le sujet de la bienséance, puisque nous sommes souvent jugés négativement et de façon globale sur un détail qui nous a échappé faute de connaissances. La plupart du temps, les gens entretiennent à l'égard d'autrui une impression d'ensemble. Trop souvent, cette impression émane du maillon le plus faible de l'individu ; on généralise les défauts à partir du plus petit indice.

**Des manquements remarqués**

Louise Masson, auteure du livre *Du tic au tact*[27] et fondatrice de Beaux Gestes, mentionne que plusieurs entreprises utilisent la table comme endroit stratégique pour conclure des affaires. Cette auteure a noté que, au restaurant, 75 % des femmes enlèvent leurs souliers. Quant aux hommes, ils déposent leur veston sens dessus dessous sur le dossier d'une chaise.

De plus, en Europe et trop souvent en Amérique du Nord, on se lève de table quand bon nous semble, on va aux toilettes, on fait un appel ou on fume une cigarette, autant de gestes répréhensibles à table.

Voici quelques règles de savoir-vivre et de savoir-faire qu'il vaut mieux de respecter à table.

- Lorsque vous mangez, tenez-vous à une certaine distance de la table (environ 15 cm).
- Évitez de passer des remarques à voix haute sur les autres, car on pourrait vous entendre.

27 L. Masson, *Du tic au tact*, Montréal, Stanké, 1995.

- Oh ! les vilaines jambes enroulées de chaque côté des barreaux de la chaise ! Madame, croisez vos jambes à la hauteur des chevilles et servez-vous d'une patte de la chaise pour retenir le bout de votre pied.
- Dans votre cas, Monsieur, évitez de trop écarter les jambes ! Lorsqu'il n'y a pas de nappe sur la table, cette position est particulièrement disgracieuse.
- Rangez près de vous votre sac à main ou votre porte-documents ; plusieurs accidents surviennent lorsque des objets personnels nuisent aux allées et venues des serveurs.
- Laissez la dernière goutte dans votre verre ; renverser la tête en arrière pour l'avaler manque d'élégance.
- Le bâtonnet que vous utilisez pour mélanger votre boisson sera déposé sur la serviette de table ou dans l'assiette à pain.
- Évitez de croquer la glace qui garde votre boisson fraîche.
- Retenez que la serviette de table sert, entre autres, à s'essuyer la bouche *avant* chaque gorgée de vin.
- Déposez sur vos genoux votre serviette de table préalablement pliée en deux.
- Si votre serviette de table tombe, demandez-en une autre.
- Vous êtes invité à souper chez des particuliers et vous vous demandez quel est le meilleur temps pour partir ? Quelque 45 minutes après le café demeure un bon guide.
- L'important n'est pas, lorsque vous mangez, d'utiliser la méthode américaine (la fourchette dans la main droite) ou la méthode européenne (la fourchette dans la main gauche), mais de conserver la même méthode tout au long du repas.
- Le verre à eau et le verre à vin sont à votre droite et l'assiette à pain, à votre gauche.
- Certains empoignent leurs ustensiles comme ils le feraient avec des rames ! Ceci est contraire à la bienséance.

- Lorsque vous avez terminé votre repas, placez vos ustensiles dans votre assiette, légèrement vers la droite (aiguilles de l'horloge à 16 h 20) ou à l'européenne, soit droit au milieu (aiguilles à 18 h 30).
- Laissez vos ustensiles et votre couvert sur la table, tels qu'on vous les a présentés, sans les déplacer.
- Si vous devez vous absenter (bien que l'on doive rester présent autant que possible au cours d'un repas), placez vos ustensiles en croix, le couteau sous la fourchette, ce qui indique au serveur que vous n'avez pas terminé votre repas.
- Si une femme s'excuse avant de s'absenter quelques minutes, l'homme se lève par respect en attachant le bouton de son veston et le détache en se rasseyant.
- Nul besoin de fournir des explications quand on veut se rendre aux toilettes ; on s'excuse, point (et on essaie la prochaine fois d'y penser avant d'aller à table).
- Vous avez à assurer le service ? Voici un petit truc mnémotechnique : « On sert à gauche et on **d**essert à **d**roite. » Le service du vin fait exception, car le verre à vin se trouve à droite.
- On tient le verre à vin par la tige, contrairement au verre à cognac que l'on réchauffe dans la paume de la main.
- C'est celui qui reçoit qui goûte d'abord le vin. Il se verse également la « dernière goutte » de la bouteille ou il retire la bouteille quand il n'y reste qu'un léger fond.
- Retirez le beurre de son godet et déposez-le sur le rebord de l'assiette à pain. Rompez un morceau de pain de la grosseur d'une bouchée, que vous enduirez de beurre avant de le manger.
- Il est préférable de rapprocher le beurrier plutôt que de le soulever.
- N'offrez pas la corbeille à pain à tous autour d'une même table ; cela peut interrompre une conversation. Plutôt, servez-vous puis déposez la corbeille à votre droite pour que votre voisin de table puisse se servir à sa guise.
- Pensez à rompre le morceau de biscotte désiré au-dessus de votre assiette à pain.

- N'ajoutez du sel ou du poivre qu'après avoir goûté à vos aliments.
- Vous pouvez couper vos légumes avec une fourchette, mais il est préférable d'enrouler la laitue autour de votre fourchette.
- Une seule bouchée à la fois pour la viande ou la volaille ; attendez d'avoir avalé avant d'entamer une autre bouchée.
- Tranchez le fromage que l'on vous présente de façon à ce qu'il garde sa forme, puis placez votre portion dans votre assiette à pain.
- La tomate cerise se mange... ronde ; la couper risquerait de faire des éclaboussures.
- On vous sert un œuf à la coque ? Cassez le capuchon avec le dos de votre cuillère puis soulevez-le. Vous pouvez tremper un petit morceau de pain dans le jaune.
- Servez-vous de vos ustensiles pour dégager le papier qui enveloppe la pomme de terre au four.
- N'attendez pas que les 40 invités soient servis avant d'entamer votre repas ! Vous pouvez normalement commencer quand cinq autres convives ont été servis après vous ; votre bon jugement vous dictera votre conduite.
- Le dilemme des petits pois : doit-on les piquer ou les ramasser à la fourchette ? La façon le plus souvent suggérée est de les soulever.
- Ce que vous avez porté dans la bouche est trop chaud ? Ne soufflez pas comme un phoque ! Avalez une gorgée d'eau ou de vin et attendez que le plat refroidisse avant d'en prendre une seconde bouchée.
- Laissez dans votre assiette le mets que vous n'aimez pas et disposez vos ustensiles de manière à indiquer que vous avez terminé.
- Si vous commandez du homard, demandez au serveur que la carapace soit cassée ; vous aurez évité cette difficulté !
- On mange avec les doigts particulièrement : le bacon croustillant, l'épi de maïs, les ailes de poulet, les asperges croustillantes, les prunes et les abricots secs.
- Ce noyau d'olive encombrant, vous le soufflez discrètement dans le creux de votre poing et le glissez dans l'assiette à pain.

- Votre bouillon est brûlant ? Vous le refroidissez en le remuant doucement avec votre cuillère, puis vous pouvez prendre le bol avec les deux mains pour boire le bouillon.
- Demandez sans gêne si un mets contient un ingrédient auquel vous êtes allergique.
- Durant un grand dîner, l'hôtesse devrait parler à sa gauche environ cinq minutes ; pendant ce temps, théoriquement, chacun parle à son voisin de gauche. On fait la même chose vers la droite. L'idée est de prendre conscience que, si l'on parle toujours à droite ou à gauche, un convive risque rapidement de se retrouver sans personne avec qui communiquer.
- Si vous avez à éternuer, tournez la tête de côté et éternuez dans la serviette de table ou un papier mouchoir.
- Beaucoup de femmes étalent leur rouge à lèvres lorsqu'elles sont à table ; il est préférable d'aller à la salle de bains.
- C'est encore vrai : on ne parle pas en mangeant !
- On ne goûte pas à tous les mets dans toutes les assiettes.
- Veillez à bien essuyer votre moustache, Monsieur !
- Le téléphone cellulaire doit être proscrit à table.
- Demander un sac pour amasser les restants de table n'est pas à l'étiquette. Des restaurants populaires l'offrent à leur clientèle.
- Pas de cure-dents à table. Certaines personnes ont tendance à conserver celui-ci dans leur bouche, même une fois qu'elles sont sorties de table. Le cure-dents est un moyen de se nettoyer les dents discrètement, devant un miroir et en retrait.
- Personne n'est à l'abri d'une maladresse. On s'excuse et on éponge la nappe, sans plus. Il n'est pas nécessaire de se lancer dans le « grand ménage » ni d'éponger le voisin avec insistance.
- Vous avez consommé un peu trop d'alcool ? Un verre d'eau chaude citronnée et hop ! dans le taxi. La modération a bien meilleur goût et donne bien meilleure impression !

- Vous ne trempez que le bout des doigts dans le rince-doigts, et vous les essuyez délicatement avec la serviette de table humide et chaude qui est offerte.
- Les fleurs faisant office de centre de table peuvent être mises sur le côté si elles nuisent à la communication.
- Le citron se presse d'abord entre le pouce et l'index en y piquant la fourchette, au-dessus du verre de limonade ou du plat de poisson.
- Sachez sécher ce sachet de thé ! Vous sortez le sachet de la tasse avec la cuillère et vous y enroulez la corde. Vous déroulez et vous laissez le sachet dans la soucoupe, bien placé sur le rebord.

Il va de soi que la bienséance ne s'impose pas qu'à table. Voici encore quelques incontournables règles de savoir-vivre.

- En toutes circonstances, évitez de dégager une forte odeur de parfum. Vaporisez-en une infime quantité derrière les oreilles et à l'intérieur des poignets.
- Le tutoiement systématique à tout un chacun est contraire à l'étiquette.
- Décrivez ce que vous voulez montrer plutôt que de pointer quelqu'un ou quelque chose avec le doigt.
- Attention à tout bruit intempestif : les ustensiles, un stylo, de la monnaie ou des clés manipulées dans les poches.
- Respectez l'espace vital auquel une personne tient ; si vous tenez à « faire la bise », assurez-vous que c'est réciproque. C'est joue contre joue ; pas de lèvres (ni de rouge à lèvres !) sur la peau.
- Si un rhume vous indispose, évitez les poignées de main et les accolades ; évidemment, vous expliquez votre retenue à votre vis-à-vis.
- Lorsqu'un tiers vous présente à quelqu'un, vous devez attendre que celui-ci tende la main. En théorie, on ne tend pas la main à une personne que l'on rencontre pour la première fois ; une femme peut simplement sourire, un homme incliner le buste. En pratique, on ne freine pas l'élan.
- On se dégante pour serrer une main, sauf dans la rue.

**La poignée de main**

La tradition de la poignée de main varie selon les pays, dans sa fréquence et dans sa signification. Rare en Angleterre, sauf au moment des présentations, elle s'accompagne volontiers en Amérique de bourrades dans le dos. Les Africains vont jusqu'à associer poignet et avant-bras dans un geste de fraternité, alors que les Arabes privilégient l'embrassade.

Comment interpréter une poignée de main ?

Une poignée de main franche, ferme mais souple marque généralement l'égalité des partenaires, la chaleur d'un contact apprécié de part et d'autre.

Les complexés, les timides ou les misanthropes ne tendent que le bout des doigts ou prêtent une main moite et inexpressive.

La poignée de main équivoque ressemble à une empoignade, trop protectrice pour être honnête, souvent accompagnée d'un renforcement d'attention dû à la main gauche qui tient le bras, l'épaule ou le dos de la main du vis-à-vis. Les politiciens et certains patrons cultivent exagérément ces manifestations d'intérêt qui ne devraient être réservées qu'à l'amitié.

À l'occasion de rapports où l'émotion domine (félicitations, scènes de compassion, remerciements), on se tient mutuellement les mains, le regard appuyé sur celui de l'autre, en signe de partage de la peine ou de la joie ; l'accolade prend la même valeur.

Certains, afin d'affirmer leur autorité, croient nécessaire d'écraser les doigts d'autrui. Cette absence totale de politesse révèle un complexe d'infériorité ou le besoin d'autodéfense.

Selon M.-F. Le Cherbonnier, *Le savoir-vivre, protocole et convivialité*, Paris, Éditions Albin-Michel, 1994, p. 230-231.

Sans nécessairement avoir une vie mondaine, nous pouvons mener une vie sociale et professionnelle assez active. Comme nous recevons des gens ou sommes reçus de plus en plus, le respect de ces quelques règles de bienséance nous aide à rendre plus à l'aise les personnes que nous côtoyons et, par le fait même, nous donne de l'assurance.

# Conclusion

L'effervescence d'un nouveau millénaire prête à l'optimisme ! On a le goût de changer, de s'améliorer, de pousser au maximum ses possibilités. On veut bien utiliser son pouvoir de choisir, on veut le succès et la liberté. On a soif de nouveaux projets et on a besoin, pour les mener à bien, d'être en santé physique, mentale et spirituelle. Quand on est au sommet de sa forme, quand on a conscience fortement de son potentiel et que l'on se sent en confiance avec soi et avec les autres, on peut tout obtenir de l'existence. C'est ce que nous vous souhaitons : de mordre à belles dents dans la vie !

# Sites Web

## VOICI QUELQUES SITES WEB ALLÉCHANTS !

### Sur la bienséance

www.underwire.msn.com/underwire/itspersonal/dilm/dilemma.asp
www.homearts.com/gh/advice
www.women.msn.com/women/women/askexperts.asp
www.marthastewart.com

### Sur la parole en public

www.//toastmasters.org

### Sur la communication en général

www.tonyrobbins.com
www.pdninc.net/covey.html

### Sur le langage du corps

www.cis.hut.fi/˜parvi/kie-98.505/body_links.html

**Sur l'estime de soi**
www.psychtests.com

**Sur la gestion du stress**
www.healthy.net/library/books/lark/relax6.htm

**Sur l'éthique en affaires**
www.spu.edu/depts/sbe/ethics
www.ethics.ubc.ca/resources/business
www.ethicscentre.com/events.htm

transcontinental
IMPRESSION
IMPRIMERIE GAGNÉ

IMPRIMÉ AU CANADA